Berichte aus der Betriebswirtschaft

Andrea Ruppert, Martina Voigt

GEHALT UND AUFSTIEG

Mythen - Fakten - Modelle
erfolgreichen Verhandelns

Shaker Verlag
Aachen 2009

Bibliografische Information der Deutschen Nationalbibliothek
Die Deutsche Nationalbibliothek verzeichnet diese Publikation in der Deutschen Nationalbibliografie; detaillierte bibliografische Daten sind im Internet über http://dnb.d-nb.de abrufbar.

Titelfoto: Hans-Jürgen Eich

Copyright Shaker Verlag 2009
Alle Rechte, auch das des auszugsweisen Nachdruckes, der auszugsweisen oder vollständigen Wiedergabe, der Speicherung in Datenverarbeitungsanlagen und der Übersetzung, vorbehalten.

Printed in Germany.

ISBN 978-3-8322-6666-0
ISSN 0945-0696

Shaker Verlag GmbH • Postfach 101818 • 52018 Aachen
Telefon: 02407/9596-0 • Telefax: 02407/9596-9
Internet: www.shaker.de • E-Mail: info@shaker.de

Inhalt **Seite**

Vorwort

I. Erfolgreich verhandeln - alles klar? 1

II. Die empirische Basis 9

   1. Fragebogen und Onlinebefragung 10

   2. Wer wurde befragt? 11

      2.1 Führungskräfte 11

      2.2 Herkunftsunternehmen der Befragten 14

      2.3 Stellung der Befragten im Unternehmen 19

      2.4 Persönliche Merkmale der Befragten 21

III. Wie männliche und weibliche Führungskräfte um Gehalt und Aufstieg verhandeln 25

   1. Forschungsstand zum Thema „Verhandeln" und „Geschlecht" 26

   2. Frauen fragen - Männer werden gefragt? 37

   3. Was sind die wichtigsten Anlässe für Gehalts- und Aufstiegsverhandlungen? 46

   4. Wer ist in Gehalts- und Aufstiegsverhandlungen erfolgreich und mit dem Ergebnis zufrieden? 51

5. Verhandeln macht Spaß und ist eine sportliche Herausforderung? 56

6. Wie bereiten sich Führungskräfte auf Gehalts- und Aufstiegsverhandlungen vor? 67

7. Strategien und Taktiken von Führungskräften 73

8. Mit welchen Gefühlen gehen Führungskräfte in das Verhandlungsgespräch? 76

9. Wie verläuft das Verhandlungsgespräch? 82

10. Vorgesetzte Vorsicht: Was machen Führungskräfte, die mit dem Verhandlungsergebnis unzufrieden sind? 89

IV. Erfolgsfaktoren der Gehalts- und Aufstiegsverhandlung 93

1. Wie erfolgreich verhandeln Führungskräfte? 94

2. Was sehen die Verhandelnden als Erfolgsfaktoren an? 98

3. Lieber mit einem Mann oder einer Frau verhandeln? 101

4. Persönliche Merkmale und Verhandlungserfolg 105

5. Unternehmensmerkmale und Verhandlungserfolg 106

6. Stellung im Unternehmen und Verhandlungserfolg 112

7. Welche Einstellungen versprechen Verhandlungserfolg? 115

8.	Welche Vorbereitung bringt Verhandlungserfolg?	118
9.	Welche emotionale Ausgangslage verspricht Verhandlungserfolg?	138
10.	Das Verhandlungsgespräch - ein Schlüssel zum Erfolg!	145
11.	Die Erfolgsmodelle	154
V.	Schlussfolgerungen und erste Handlungsempfehlungen	169
VI.	Anhang	179
	1. Fragebogen	179
	2. Abbildungsverzeichnis	189
	3. Tabellenverzeichnis	192
	4. Literaturverzeichnis	193

Vorwort

Die Idee für dieses Forschungsprojekt entstand bei der Vorbereitung und Durchführung der Lehrveranstaltung "Methodik der Verhandlungsführung" im wirtschaftsrechtlichen Master-Studiengang "Verhandeln und Gestalten von Verträgen" am Fachbereich 3: "Wirtschaft und Recht" der Fachhochschule Frankfurt am Main.

Ein hochschulübergreifendes Forschungsprogramm des GFFZ (Gender- und Frauenforschungszentrum der Hessischen Hochschulen) zur Berücksichtigung von Gender-Aspekten in der Lehre motivierte uns zur Konzeption einer speziellen Lehreinheit, die genderbezogene Lernziele verfolgt, genderbezogene Inhalte vermittelt und gendersensible Lehrmethoden und -materialien einsetzt (vgl. Ruppert/Voigt 2007a, 2007b, 2007c und 2008). Hierfür entwickelten wir Rollenspiele, führten diese in der Lehrveranstaltung durch und stellten fest, dass unsere Studierenden geschlechtstypisches Verhandlungsverhalten an den Tag legten. Sie bestätigten gängige Vorurteile zum männlichen und weiblichen Kommunikationsverhalten.

Gleichzeitig riss die öffentliche Diskussion um die Gehaltsunterschiede zwischen männlichen und weiblichen Führungskräften nicht ab. Wir fragten uns daher, ob geschlechtstypisch ausgeprägte Verhandlungskompetenzen einen Beitrag zur Erklärung der Gender Wage Gap liefern können.

Die Informationsrecherche hierzu machte deutlich, dass in Deutschland ein dreifaches Forschungsdefizit besteht. Erstens: Der Wirksamkeit von Verhandlungsmethoden wird ganz generell wenig wissenschaftliche Aufmerksamkeit geschenkt. Zweitens: Geschlechtstypisches Verhandlungsverhalten - in den USA durchaus ein wichtiges

Forschungsthema - spielt in Deutschland keine besondere Rolle. Drittens: Verhandlungskompetenz als Erklärungsfaktor für die Gehaltslücke zwischen männlichen und weiblichen Führungskräften wird kaum thematisiert und schon gar nicht empirisch untersucht.

Wir entschieden uns daher, ein Forschungsprojekt zur erfolgreichen Gehalts- und Aufstiegsverhandlung männlicher und weiblicher Führungskräfte durchzuführen.

Hierbei unterstützte uns das Hessische Ministerium für Wissenschaft und Kunst (HMWK) durch finanzielle Förderung. Den Zugang zum Feld verdanken wir den Verbänden "Business and Professional Women e.V. (BPW Germany)" und "Deutscher Führungskräfteverband e.V. (ULA)".

Prof. Dr. Gero Lipsmeier und Katja Leißner waren als Berater für die Online-Befragung sowie bei der Auswertung der Ergebnisse von unschätzbarem Wert. Prof. Dr. Gertraude Krell hat uns in mehreren Gesprächen sehr hilfreiche Anregungen gegeben.

Markus Herdina und Steffen Schütz danken wir für ihre stets geduldige Unterstützung sowie für zahlreiche konstruktive kritische Anmerkungen. Heike Schneider, Prof. Dr. Nicolas Giegler und Hans-Peter Eich waren uns bei der Gestaltung des Einbandes eine wertvolle Hilfe.

Frankfurt am Main Andrea Ruppert
Januar 2009 Martina Voigt

I. Erfolgreich verhandeln - alles klar?

Gutes Verhandeln war und ist sicherlich zu jeder Zeit von persönlichem Vorteil. Nach unserer Beobachtung hatte Verhandeln jedoch nie zuvor den Stellenwert, den es in der heutigen Gesellschaft besitzt. Dies liegt zunächst einmal daran, dass sich die gesellschaftlichen, wirtschaftlichen und rechtlichen Rahmenbedingungen zu immer mehr Wettbewerb hin entwickelt haben. Monopolmärkte wurden für potentielle Mitanbieter geöffnet; rechtliche Schranken, die das Aushandeln von speziellen Preisen für Verbraucher beschränkten, wurden aufgehoben. Hierdurch ergaben sich für alle Beteiligten Spielräume, durch geschickte Verhandlungen die eigenen Ziele besser zu verfolgen. Verhandeln ist in Deutschland gesellschaftsfähig geworden und die Fähigkeit, hierbei zielgerichtet und effektiv vorzugehen, gilt mittlerweile als Schlüsselkompetenz für jeden, der erfolgreich durchs Leben kommen will!

Speziell für den Erfolg im Berufsleben spielen Verhandlungen eine herausragende und immer wichtigere Rolle. Zu denken ist z.B. an Verhandlungen, die im Interesse des Arbeitgebers mit Lieferanten, Kunden und Kooperationspartnern geführt werden und die im Zuge von Globalisierung sowie wachsender Verflechtung und Vernetzung weiter zunehmen und gleichzeitig komplexer werden. Aber auch durch Veränderungen in den Organisationen, z. B. Verschlankung von Hierarchien, Abkehr von eingleisigen "Top-down-Prozessen" und Zunahme von Organisationsformen wie Team- oder Projektarbeit, nimmt im Arbeitsleben die Notwendigkeit, mit Kollegen und Vorgesetzten zu verhandeln, immer weiter zu.

Nicht zuletzt haben in den letzten Jahren auch Gehalts- und Aufstiegsverhandlungen mit dem Arbeitgeber eine stetig wachsende Bedeutung erlangt. Eine der Ursachen hierfür ist, dass immer mehr Arbeitnehmer von Tarifverträgen nicht erfasst werden. Dies ist in der Regel bei Führungskräften der Fall, die traditionell aufgrund ihrer Aufgaben und ihrer herausgehobenen Stellung im Unternehmen außertariflich vergütet werden. Aber selbst wenn das Gehalt in einem Tarifvertrag geregelt ist, nutzen viele die Möglichkeit, ein individuelles Gehalt durch außertarifliche oder übertarifliche Zulagen auszuhandeln. Diese Entwicklung ist sicherlich auch auf die steigende Akademisierung und Flexibilisierung des Arbeitsmarktes und die Zunahme leistungsorientierter Vergütungsmodelle zurückzuführen.

Aufstiegs- und Gehaltsverhandlungen haben eine besondere Brisanz. Sie entscheiden nicht nur über heutigen, sondern auch über zukünftigen beruflichen Erfolg. Außerdem sind sie hochsensibel, da in diesen Verhandlungen immer die Person selbst mit ihren Leistungen und Fähigkeiten aber auch ihrer Persönlichkeit auf dem Prüfstand steht und bewertet wird. Daher verwundert es nicht, dass es zu diesem Thema ein großes Seminarangebot gibt und die Ratgeberliteratur beträchtlichen Umfang erreicht hat.

Worauf stößt man nun, wenn man sich auf die Suche nach _den_ zentralen Erkenntnissen auf dem Gebiet der Verhandlungsführung - insbesondere der erfolgreich geführten "Gehaltsverhandlung" - auf die Reise durch wissenschaftliche Literatur, Ratgeber und Seminarmarkt begibt?

Drei Themen sind uns aufgefallen, die das Feld stark dominieren:

- Sucht man nach einem theoretischen Rahmen, so stößt man unweigerlich auf das Harvard - Konzept (siehe BOX I.1)!
- Fragt man danach, wie man den Erfolg von Verhandlungen selbst am besten steuern kann, so lautet die Antwort: durch eine gute Vorbereitung!
- Möchte man wissen, welches persönliche Merkmal erfolgreiche Verhandler besonders auszeichnet, dann ist eine wiederkehrende Aussage: ihr Geschlecht! Der Nachteil wird auf Seiten der Frauen gesehen, weil diese sich nicht trauen oder zu bequem sind, nach mehr Gehalt zu fragen und wenn sie verhandeln, schlechtere Ergebnisse erzielen (siehe BOX I.2).

BOX I.1

Mit dem Harvard-Konzept hat sich eine Methode für jegliche Verhandlung etabliert, die weitgehend konkurrenzlos ist. Sie wurde 1979 an der Harvard Law School mit der Gründung des "Harvard Negotiation Project" entwickelt und hat seit dem Erscheinen der Publikation "Getting to YES: Negotiating Agreement without Giving" im Jahre 1981 ihren Siegeszug angetreten. Das Harvard - Konzept dominiert juristische, wirtschafts- und verhaltenswissenschaftliche Lehrbücher ebenso wie die Ratgeberliteratur und das Seminarangebot.

Das Konzept vermeidet die Nachteile eines ausgeprägt kompetitiven Vorgehens ebenso, wie die eines sehr kooperativen Ansatzes und definiert die folgenden vier Grundsätze des sachgerechten Verhandelns:

- Menschen und Probleme getrennt voneinander behandeln!
- Nicht Positionen, sondern Interessen in den Mittelpunkt stellen!
- Vor der Entscheidung verschiedene Wahlmöglichkeiten entwickeln!
- Das Ergebnis auf objektiven Entscheidungsprinzipien aufbauen!"

(Fisher/Ury/Patton 2002, S. 31)

BOX I.2

Dass Frauen sich nicht trauen, ist die Kernaussage von Linda Babcock und Sara Laschever in ihrem Bestseller „Women don't ask". Sie führen dies vor allem darauf zurück, dass Frauen sich dem weiblichen Rollenmodell entsprechend verhalten und die Beziehungen zu anderen nicht durch ihre Forderungen gefährden wollen:

" [...] we need to understand one of the major causes of female anxiety around negotiating - women's fear that asking for something they want may harm their relationship with the person they need to ask" (Babcock/Laschever 2007, S. 128).

Barbara Bierach (2004) vertritt dagegen in ihrem Buch „Das dämliche Geschlecht - Warum es kaum Frauen im Management gibt" die These „Frauen sind nicht schwach, Frauen sind nur dämlich, faul und unaufrichtig" (S. 6). Sie bemängelt, dass Frauen sich bewusst gegen Macht und Verantwortung entscheiden und „statt die Ärmel hochzukrempeln und genauso hart zu arbeiten wie die Männer", den „Heldennotausgang" wählen und sich für Kinder, Familie und Haushalt entscheiden, weil ihnen der Job zu anstrengend ist (S. 9). Frauen müssten endlich Macht wollen, darum kämpfen und für ihre Arbeit auch selbstbewusst Geld fordern (S. 62).

Sind also erfolgreiche Verhandler um mehr Gehalt und eine bessere Position männlich, exzellent vorbereitet und verhandeln nach dem Harvard Konzept?

Wir konnten bei unseren Recherchen feststellen, dass die behaupteten Zusammenhänge, wie man mit Erfolg Gehalts- und Aufstiegsverhandlungen führt, in der Regel nur unzulänglich empirisch untermauert sind. Vieles beruht auf Plausibilitätsüberlegungen, der Darstellung von Einzelfällen oder bestenfalls auf Untersuchungen mit geringen Fallzahlen und wird, wie es ja gerade in der Ratgeberliteratur häufig der Fall ist, einfach ungeprüft und unreflektiert weiter getragen bzw. "abgeschrieben".

Im Gegensatz zur Situation in Deutschland gibt es in den USA eine umfangreiche empirische Forschungstradition zum Thema Verhandlungsführung. Sichtet man diese, so fällt auf, dass sehr viele Studien auf Laborexperimenten basieren, die überwiegend mit Studierenden durchgeführt wurden. Eine umfassende empirische Untersuchung der Einflussfaktoren der erfolgreichen Gehalts- und Aufstiegsverhandlung stand bisher aus. Wir sind angetreten, um diese Forschungslücke zu füllen.

Die Ergebnisse unserer Befragung von mehr als 1.000 deutschen Führungskräften stehen nur zum Teil im Einklang mit bisherigen Vorarbeiten und populären Thesen. Zum Teil sind sie sehr überraschend und entlarven etliches von dem, was bislang unhinterfragt wieder und wieder publiziert wird, als Mythos.

Wie ist dieses Buch aufgebaut?

In Kapitel II beschreiben wir unsere empirische Untersuchung und informieren über die methodische Vorgehensweise. Außerdem stellen wir unser Sample vor und zeigen auf, aus welchen Unternehmen die Befragten kommen, welche Positionen sie dort einnehmen und wie das Sample hinsichtlich persönlicher Merkmale wie Alter oder Ausbildungshintergrund zusammengesetzt ist.

Kapitel III ist vor allem für diejenigen interessant, die sich für geschlechtstypische Unterschiede rund um das Thema Verhandlungen interessieren. Hier geben wir einen Überblick über den aktuellen Forschungsstand und stellen dar, wo sich in unserer Untersuchung Unterschiede zwischen männlichen und weiblichen Führungskräften heraus kristallisiert haben.

Kapitel IV beschäftigt sich mit den Einflussfaktoren, die Verhandlungserfolg wesentlich bestimmen. In diesem Kapitel untersuchen wir, welche Formen der Vorbereitung und welches Verhalten in der Verhandlung sich besonders positiv oder negativ auf den Verhandlungserfolg auswirken.

In Kapitel V ziehen wir Schlussfolgerungen und geben Empfehlungen, wie man die Ergebnisse unserer Untersuchung in der Praxis umsetzen und für sich nutzen kann.

Im Zentrum stehen stets die Erkenntnisse aus unserer empirischen Untersuchung und deren Interpretation. Um die Lesbarkeit des Buches zu erhöhen, haben wir Definitionen, Hintergrundinformationen und die Ergebnisse anderer Forscher in grau hinterlegte "Boxen" gesetzt.

II. Die empirische Basis

Das in diesem Buch beschriebene Verhandlungsverhalten und die von uns daraus abgeleiteten Handlungsempfehlungen basieren auf den Ergebnissen einer Online-Befragung von Führungskräften, die in der Zeit von Dezember 2006 bis Juli 2007 durchgeführt wurde und an der sich mehr als 1.000 Personen beteiligt haben. Aus wissenschaftlicher Sicht ist dies ein erheblicher Fortschritt im Vergleich zu den bisher verfügbaren Analysen, die mit Beispielen bzw. mit sehr geringen Fallzahlen arbeiten. Für die Befragung wurde von uns ein halbstandardisierter Fragebogen entwickelt (siehe Anhang VI.1). Der Fragebogen enthält überwiegend geschlossene Fragen mit vorgegebenen Antwortalternativen, daneben jedoch auch einige offene Fragen, um den Probanden genügend Raum für Informationen, Ideen und Anregungen zu geben.

Vergleiche unserer empirischen Daten mit anderen Erhebungen und Studien zu Führungskräften in Deutschland oder Europa wie z.B. dem vom statistischen Bundesamt veröffentlichten Mikrozensus oder den von Bischoff (zuletzt 2005) sowie Kleinert/Kohaut/Brader/Lewerenz (2007) veröffentlichten Studien zu Männern und Frauen in Führungspositionen in Deutschland sind aufgrund einer fragestellungsbedingten unterschiedlichen Systematik bei Erhebung und Auswertung der Daten nur punktuell möglich.

1. Fragebogen und Onlinebefragung

Der Fragebogen ist in sechs Abschnitte untergliedert, die sich unterschiedlichen Themenkomplexen widmen. Zunächst wurden Angaben zur Person und deren beruflichem Werdegang sowie zum Unternehmen, bei dem die Befragten beschäftigt waren, und zur dort bekleideten Position erhoben. Im Anschluss daran wurden Fragen zum grundsätzlichen Verhandlungsverhalten und zur Vorbereitung sowie zum Verlauf der zuletzt geführten Gehalts- und Aufstiegsverhandlung gestellt. Den Abschluss bildete eine Fragenbatterie zur Ermittlung der persönlichen Einstellung zu Verhandlungen (Überzeugungsfragen).

Die Befragung wurde in Kooperation mit den Verbänden "Business and Professional Women e.V. (BPW Germany)" und "Deutscher Führungskräfteverband e.V. (ULA)" durchgeführt.

BPW Germany gilt als das bedeutendste branchen- und berufsübergreifende Frauennetzwerk in Deutschland und hat über 1.700 Mitglieder, die über die Mitgliederzeitung sowie durch eine E-Mail mit einem individualisierten Link zur Befragung zur Teilnahme aufgefordert wurden.

ULA ist der Zusammenschluss der Führungskräfteverbände der deutschen Wirtschaft, die über 50.000 Mitglieder haben. Diese wurden ebenfalls über die Mitgliederzeitung zur Teilnahme an der Befragung aufgefordert. Darüber hinaus wurde auf der Homepage von ULA ein Link zur Befragung eingerichtet.

Um die Anzahl der Teilnehmer zu erhöhen, wurden zusätzlich Führungskräfte über persönliche Kontakte angesprochen und zur Teilnahme und Weiterempfehlung aufgefordert.

Von den mehr als 1.000 Teilnehmern haben 810 Personen den Fragebogen vollständig ausgefüllt. Hiervon waren 347 Männer (42,8%) und 463 Frauen (57,2%).

2. Wer wurde befragt?

Mit der Befragung sollte das Verhandlungsverhalten von Führungskräften um Gehalt und Aufstieg untersucht werden. Aufgrund des gewählten Verfahrens für die Durchführung der Befragung war bei der Auswertung zunächst zu prüfen, ob alle Teilnehmer tatsächlich als Führungskraft einzustufen sind.

2.1 Führungskräfte

Für den Begriff „Führungskraft" gibt es keine allgemein verbindliche Definition. Teilweise wird als Abgrenzungskriterium auf die übertragenen Aufgaben (Managementfunktionen, vgl. Woll 2008, S. 257; Dispositions- bzw. Entscheidungsbefugnis über Personen und/oder Sachmittel, vgl. Friedel-Howe 1993, S. 414) und teilweise allein auf die Personalverantwortung (Weisungsbefugnis, vgl. Hahn/Hungenberg 2001, S. 28) abgestellt (siehe BOX II.1).

BOX II.1

Im Gabler Wirtschaftslexikon (2004) heißt es zum Stichwort Führungskräfte: „Personen mit Personal- und Sachverantwortung. Haben aufgrund ihrer (relativ hohen) hierarchischen Stellung Einfluss auf das gesamte Unternehmen und seine wichtigsten Teilbereiche."

Hahn/Hungenberg (2001, S. 28) definieren Führungskräfte als die Träger des Führungsprozesses (Planungs-, Steuerungs-, Kontrolltätigkeiten), also die Personen, die Willensbildung und zwingend auch Willensdurchsetzung gegenüber anderen (weisungsgebundenen) Personen wahrnehmen.

Woll (2008, S. 257) beschreibt Führungskräfte als Personen, die die „Gesamtaufgabe der Unternehmensführung" wahrnehmen, also Führungsaufgaben erfüllen: „Sie benutzen Führungssysteme, die sich aus Techniken, Methoden, Verfahren und Modellen bilden und wenden als Instrumente der Unternehmensführung Führungsstile an, worunter die Art und Weise der Funktionsausübung zu verstehen ist."

Wir schließen uns der weiteren Definition an, da eine Beschränkung auf Personalverantwortliche für unsere Fragestellung eine unnötige Verengung ist. Trotzdem standen wir bei der Auswertung der Daten vor dem Problem zu entscheiden, ob tatsächlich alle 810 Personen, die den Fragebogen vollständig ausgefüllt hatten, im Sinne unserer Definition als Führungskräfte einzustufen sind.

Zwar hatten wir uns ausschließlich an Führungskräfte gewandt und in allen Ansprachen ausdrücklich darauf hingewiesen, dass wir das Verhandlungsverhalten von Führungskräften bei Gehalts- und Aufstiegsverhandlungen untersuchen. Insofern können wir davon ausgehen, dass alle Teilnehmer sich aus ihrer subjektiven Sicht heraus als Führungskräfte einschätzen. Um diese Selbsteinschätzung trotzdem zu hinterfragen, haben wir alle 810 Fälle im Hinblick auf die abgefragte Beschreibung der derzeit ausgeübten Tätigkeit/Position betrachtet. Diese Fremdeinschätzung wurde von einer Forscherin und einem Praxisexperten unabhängig voneinander durchgeführt. Die beiden Analysen kamen zu dem Ergebnis, dass die Quote einer möglichen falschen Klassifizierung als Führungskraft bei ca. 15% liegt. Dies sollte man bei den Ergebnissen, die sich auf alle 810 Fälle (Gesamtgruppe der Führungskräfte) beziehen, im Hinterkopf haben.

Vor dem Hintergrund, dass in der Literatur und auch in der öffentlichen Wahrnehmung (vgl. Nagel 1969, S. 15) Führung vielfach mit Personalführung gleichgesetzt wird, haben wir zusätzlich eine Subgruppe der Personalverantwortlichen gebildet. Dieser Gruppe sind von den 810 Teilnehmern nur 317 (39,1%) zuzuordnen, hiervon 169 Männer (53,3%) und 148 Frauen (46,7%). Zu vielen Einzelfragen haben wir das Verhandlungsverhalten dieser Teilgruppe separat ausgewertet und mit dem der Gruppe der Führungskräfte insgesamt verglichen.

Wer also die Bedingung der Personalführung für die Einstufung als Führungskraft als essentiell einstuft, der kann sich auf die Ergebnisse für die Gruppe der Personalverantwortlichen beziehen und die Gesamtgruppe als Referenzgruppe ansehen. Aus abweichenden Ergebnissen für beide Gruppen lassen sich zusätzlich interessante und aufschlussreiche Rückschlüsse ziehen und Handlungsempfehlungen ableiten.

2.2 Herkunftsunternehmen der Befragten

Branchenzugehörigkeit

Mit Blick auf die Branchenzugehörigkeit fällt auf, dass knapp 60% der Befragten sich auf fünf Branchen ("Industrie", "Verkehr und Telekommunikation", "Kreditinstitute, Versicherungen und Finanzdienstleistungen", "Unternehmens-, Steuer- und Rechtsberatung", "Informationstechnologie und IT-Dienstleistungen") verteilen. Betrachtet man diese näher in Bezug auf die Führungskräfte mit Personalverantwortung, so ist der Anteil derjenigen, die in der Industrie tätig sind (22,7%), im Vergleich zur Gesamtgruppe erheblich höher (15,9%), während der Anteil in den anderen Branchen geringer oder gleich ist.

Bei der Zuordnung nach Geschlecht fällt auf, dass in der "Industrie", einer traditionell männerdominierten Branche, Frauen sehr viel seltener Personalverantwortung übertragen ist. Während die Differenz bei der Gesamtgruppe lediglich 3,6 Prozentpunkte beträgt, steigt sie bei den Personalverantwortlichen auf 8,2 Prozentpunkte an. In den anderen Branchen zeigen sich ebenfalls interessante Ergebnisse: Im Dienstleistungsbereich ("Kreditinstitute, Versicherungen und Finanzdienstleistungen" sowie "Unternehmens-, Steuer- und Rechtsberatung") sind die Frauen in der Gesamtgruppe etwas stärker vertreten, während ihr Anteil bei den Personalverantwortlichen deutlich geringer ist. In Branchen, die eher der „New Economy" zuzuordnen sind ("Verkehr und Telekommunikation" sowie "Informationstechnologie und IT-Dienstleistungen"), stellen sich die Verhältnisse eher ausgewogen dar.

Die nachfolgende Tabelle zeigt die Verteilung der Befragten auf die verschiedenen Branchen sowohl bezogen auf die Gesamtgruppe der Führungskräfte als auch auf die Gruppe der Personalverantwortlichen. Innerhalb der jeweiligen Branche wird außerdem der auf Männer und Frauen entfallende Anteil angegeben.

Ein Vergleich mit den Daten des Mikrozensus ist aufgrund der dort erheblich abweichend vorgenommenen Abgrenzungen kaum möglich (zu den Größenordnungen nach Mikrozensus siehe Box II.2). Die Studie von Bischoff (2005, S. 19) unterteilt nur nach Industrie, Handel, Dienstleistungen und Mischformen, ohne diese weiter zu differenzieren. Unser Sample ist mit dem von Bischoff insoweit vergleichbar, dass auch in unserer Studie die meisten Führungskräfte im Dienstleistungsbereich tätig sind.

Tab. 1: Befragte nach Unternehmensbranche

Branche:	Gesamtgruppe:			Personalverantwortliche:		
	Gesamt	Männer	Frauen	Gesamt	Männer	Frauen
Landwirtschaft/Bergbau	0,7 %	0,5 %	0,2 %	1,9 %	1,3 %	0,6%
Industrie	15,9 %	9,7 %	6,1 %	22,7 %	15,5 %	7,3 %
Handwerk	0,7 %	0,1 %	0,6 %	0,3 %	0,0 %	0,3 %
Baugewerbe	2,2 %	1,0 %	1,2 %	2,5 %	1,6 %	0,9 %
Energie-/Wasserversorgung	1,7 %	0,9 %	0,9 %	2,5 %	1,6 %	0,9 %
Handel	3,0 %	1,2 %	1,7 %	4,1 %	1,9 %	2,2 %
Hotel-/Gaststättengewerbe, Tourismus	1,7 %	0,2 %	1,5 %	0,9 %	0,0 %	0,9 %
Verkehr/Telekommunikation	11,2 %	6,0 %	5,2 %	7,3 %	4,1 %	3,2 %
Kreditinstitute/Versicherungen, Finanzdienstleistungen	10,7 %	5,0 %	5,7 %	10,7 %	6,6 %	4,1 %
Grundstücks-/Wohnungswesen	0,5 %	0,0 %	0,5 %	0,6 %	0,0 %	0,6 %
Öffentl.Verwaltung/Sozialversicherung/kommunale Betriebe	3,9 %	1,1 %	2,7 %	5,0 %	1,6 %	3,5 %
Unternehmens-/Steuer-/Rechtsberatung	10,5 %	3,7 %	6,7 %	8,5 %	5,4 %	3,2 %
Druck und Medien	2,1 %	0,6 %	1,5 %	1,9 %	1,3 %	0,6 %
Informationstechnologie/ IT-Dienstleistungen	11,2 %	6,7 %	4,5 %	7,3 %	4,1 %	3,2 %
Marketing/Werbung/Event	3,6 %	1,5 %	2,1 %	4,1 %	2,5 %	1,6 %
Erziehung/Bildung	4,6 %	0,5 %	4,1 %	3,5 %	0,0 %	3,5 %
Gesundheits-/Sozialwesen	5,0 %	1,4 %	3,6 %	6,0 %	1,6 %	4,4 %
Kunst/Kultur	0,5 %	0,1 %	0,4 %	0,6 %	0,3 %	0,3 %
Sonstiges	10,0 %	2,6 %	7,4 %	9,5 %	4,1 %	5,4 %

Abweichungen in der Addition sind auf Rundungsdifferenzen zurückzuführen

BOX II.2 Leben und Arbeiten in Deutschland - Ergebnisse des Mikrozensus 2004 (Statistisches Bundesamt (Hrsg.) 2005, Seite 53 f.):

„Im März 2004 waren in Deutschland 47% der abhängig Beschäftigten, die Angaben zu ihrer Stellung im Betrieb gemacht hatten, Frauen. Sie hatten jedoch nur etwa ein Drittel (33%) der gut 4,9 Mill. Führungspositionen inne. Die dazu zählenden 819.000 Positionen mit umfassenden Führungsaufgaben waren noch seltener von Frauen besetzt. Die Frauenquote betrug hier lediglich 21%. [...]

Mit Abstand die besten Chancen, auf der Leitungsebene zu arbeiten, bieten den Frauen Unternehmen im Wirtschaftsbereich der öffentlichen und privaten Dienstleistungen. So waren im März 2004 bereits 53% der Führungskräfte in diesem Bereich weiblich. 765.000 Frauen stuften sich als höhere Angestellte und Beamtinnen mit selbstständiger Leistung in verantwortlicher Tätigkeit oder mit umfassenden Führungsaufgaben ein. Deutlich seltener waren Frauen in der Öffentlichen Verwaltung (39%) oder im Handel und Gastgewerbe (35%) an der Spitze anzutreffen.

Auch im Wirtschaftszweig Grundstückswesen, Vermietung und wirtschaftliche Dienstleistungen sowie im Kredit- und Versicherungsgewerbe waren Entscheidungsträgerinnen unter den Führungskräften vergleichsweise rar (jeweils 28%). Noch jede vierte Leitungsposition im Bereich Verkehr- und Nachrichtenübermittlung sowie im Agrarsektor wurde von einer Frau ausgefüllt, dagegen spielten weibliche Führungskräfte in den Branchen des Produzierenden Gewerbes (Baugewerbe: 14%, Energie und Wasserversorgung: 15%, Bergbau und Verarbeitendes Gewerbe: 16%) lediglich eine untergeordnete Rolle."

Unternehmensgröße

Die Analyse der Antworten auf die Frage nach der Größe (bezogen auf die Anzahl der Beschäftigten) des Arbeitgebers zeigt, dass der Anteil derjenigen, die in großen Unternehmen mit mehr als 500 Mitarbeitern tätig sind, mit insgesamt 52,7% besonders hoch ist. Demgegenüber waren in kleinen Unternehmen insgesamt 28,3% und in mittleren Unternehmen insgesamt 19% der Befragten beschäftigt. Differenziert man auch hier nach Männern und Frauen, so zeigt sich, dass in Großunternehmen der Anteil der Männer den der Frauen um knapp 20 Prozentpunkte übersteigt, während die Verteilung in Kleinunternehmen umgekehrt ist.

Abb. 1: Befragte nach Unternehmensgröße

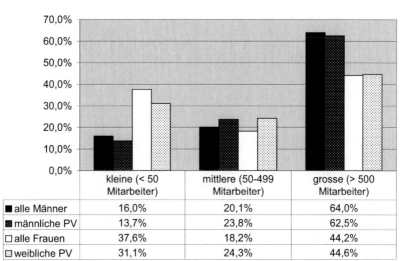

	kleine (< 50 Mitarbeiter)	mittlere (50-499 Mitarbeiter)	grosse (> 500 Mitarbeiter)
■ alle Männer	16,0%	20,1%	64,0%
▩ männliche PV	13,7%	23,8%	62,5%
□ alle Frauen	37,6%	18,2%	44,2%
▥ weibliche PV	31,1%	24,3%	44,6%

Betrachtet man die Personalverantwortlichen, so verschiebt sich dieses Bild nur marginal.

2.3 Stellung der Befragten im Unternehmen

Personalverantwortung und Leitungsspanne

Von den 810 Teilnehmern waren 347 Männer (42,8%) und 463 Frauen (57,2%). Von diesen 810 Befragten haben 317 (39,1%) Personalverantwortung. Hiervon wiederum sind 169 Befragte männlich (53,3%) und 148 Befragte weiblich (46,7%), so dass die Männer unter den Personalverantwortlichen überrepräsentiert sind.

Diese Schere öffnet sich weiter, wenn man die Leitungsspanne der Personalverantwortlichen näher betrachtet. Die befragten Männer hatten sehr viel häufiger mehr Mitarbeiter. Dies zeigt sich insbesondere bei der Führungsspanne von zehn und mehr Personen, über die mehr als die Hälfte der Männer, aber nur gut 30% der Frauen verfügten. Dieser Trend entspricht der Datenlage der Studie von Bischoff (2005, S. 269).

Abb. 2: Leitungsspanne der Personalverantwortlichen

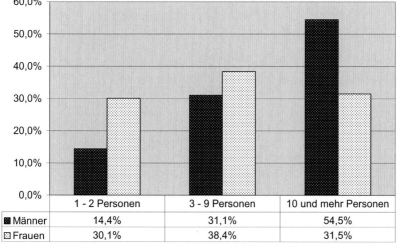

Vollzeit/Teilzeit

Betrachtet man das Beschäftigungsverhältnis der Befragten mit Blick auf den Umfang der Tätigkeit näher, zeigt sich, dass der ganz überwiegende Teil (90,1%) in Vollzeit und nur 9,9% in Teilzeit tätig war. Bei den weiblichen Führungskräften liegt der Anteil mit 16,7% erheblich über dem ihrer männlichen Kollegen mit 2,1%. Eine vergleichbare Verteilung wurde auch in anderen Studien (z.B. Statistisches Bundesamt (2005), Kleinert/Kohaut/Brader/Lewerenz (2007, S. 81 ff.) ermittelt.

2.4 Persönliche Merkmale der Befragten

Alter

Der Grossteil der Teilnehmenden (73,1%) war zum Zeitpunkt der Befragung zwischen 30 und 49 Jahre alt. Diese Altersgruppe ist damit im Vergleich zu anderen Befragungen (z.b. ULA: Führungskräftestudie 2007) in unserem Sample überproportional vertreten. In der Altersklasse zwischen 30 und 39 Jahren übersteigt der Anteil der Männer den der Frauen um mehr als acht Prozentpunkte, während in der Altersklasse zwischen 40 und 49 Jahren die Frauen mit einem knapp 7 Punkte größeren Anteil vertreten sind. In den Altersklassen unter 30 Jahren und über 50 Jahren ist das Verhältnis zwischen Männern und Frauen ungefähr ausgewogen.

Abb. 3: Befragte nach Alter

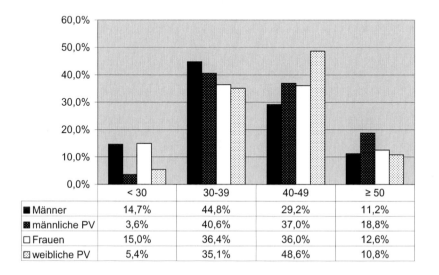

	< 30	30-39	40-49	≥ 50
■ Männer	14,7%	44,8%	29,2%	11,2%
▩ männliche PV	3,6%	40,6%	37,0%	18,8%
☐ Frauen	15,0%	36,4%	36,0%	12,6%
▨ weibliche PV	5,4%	35,1%	48,6%	10,8%

Bei den Personalverantwortlichen nimmt der Anteil der Gruppe der unter 30-jährigen deutlich auf 4,5% ab, bei den über 50-jährigen hingegen leicht auf 15% zu. Der Anteil der Befragten zwischen 30 und 49 Jahren ist in dieser Gruppe mit 80,5% noch höher als in der Gesamtgruppe, wobei in der Alterklasse zwischen 30 und 39 Jahren der Anteil der Männer um 5,5 Prozentpunkte größer ist als der der Frauen und in der Altersklasse zwischen 40 und 49 Jahren der Anteil der Frauen den der Männer um 11,6 Prozentpunkte übersteigt.

Ein Vergleich mit der Studie von Bischoff (2005 S. 24 f.) zeigt dass die Teilnehmer unserer Studie wesentlich jünger sind.

Ausbildungshintergrund der Befragten

Ein wesentliches Ergebnis ist, dass insgesamt fast drei Viertel (73,5%) aller Befragten einen Hochschulabschluss erworben haben, wobei der Anteil der Frauen mit 71% unter dem der Männer mit 76,9% liegt.

Abb. 4: Befragte nach Hochschulabschluss

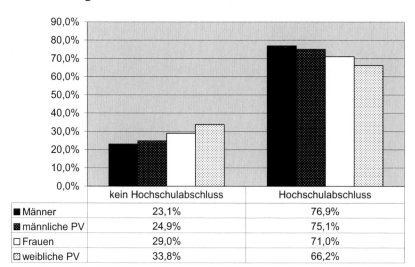

	kein Hochschulabschluss	Hochschulabschluss
■ Männer	23,1%	76,9%
▩ männliche PV	24,9%	75,1%
□ Frauen	29,0%	71,0%
▨ weibliche PV	33,8%	66,2%

Bei den Personalverantwortlichen ist diese Differenz noch größer. Von den weiblichen Personalverantwortlichen gaben nur 66,2% an, über einen Hochschulabschluss zu verfügen, bei ihren männlichen Kollegen beträgt der Anteil 75,1%.

Hinsichtlich des Ausbildungshintergrundes weicht unser Sample somit erheblich von den für Führungskräfte erhobenen Daten des Mikrozensus 2004 ab. Dort gaben von den in der Privatwirtschaft beschäftigten Führungskräften nur 36% der Frauen und 43% der Männer an, über einen Hochschulabschluss zu verfügen. Für Führungskräfte im öffentlichen Dienst liegen die Anteile mit 47% der Frauen und 57% der Männer leicht höher, erreichen aber die Werte unseres Samples nicht (vgl. Kleinert/Kohaut/Brader/Lewerenz 2007 S. 92 ff.). In der Studie von Bischoff (2005 S. 59) sind die Anteile der Hochschulabsolventen zwar höher als im Mikrozensus, erreichen aber das Niveau des Ausbildungsstandes der von uns Befragten ebenfalls nicht.

III. Wie männliche und weibliche Führungskräfte um Gehalt und Aufstieg verhandeln

Manche Menschen verhandeln einfach besser als andere. Es gibt Manager, die sehr häufig große Erfolge am Verhandlungstisch erzielen, andere dagegen haben oft mit Schwierigkeiten zu kämpfen. Einige Arbeitnehmer können sich immer wieder über eine erfolgreiche Gehaltsverhandlung freuen, während andere mit ihrem Anliegen in schöner Regelmäßigkeit scheitern. Woran liegt das? Was sind die Besonderheiten erfolgreicher Verhandler? Was zeichnet ihre Persönlichkeit aus? Liegt es am Wissen oder am Verhalten, am Denken oder am Fühlen dieser Personen? Zahlreiche Bücher versuchen Antworten auf diese Fragen zu geben. Trainings und Coachings gibt es wie Sand am Meer und auch die Wissenschaft hat mit etlichen Studien versucht, Licht ins Dunkel zu bringen.

Besonders viel Aufmerksamkeit wurde der Frage geschenkt, ob und inwieweit das Geschlecht eine Rolle spielt: Haben Männer und Frauen unterschiedliche Verhandlungsstile? Sind sie bei Verhandlungen in unterschiedlichem Maße erfolgreich? Wie hängt das eine möglicherweise mit dem anderen zusammen? Mit diesen und ähnlichen Fragen beschäftigen auch wir uns in diesem Kapitel.

Im Zentrum stehen dabei die empirischen Ergebnisse unserer Untersuchung zum Verhandlungsverhalten männlicher und weiblicher Führungskräfte. Bevor wir aber zu den Daten und Fakten kommen, möchten wir unseren wissenschaftlich interessierten Leserinnen und Lesern zum Einstieg einen knappen Überblick über den Stand der Forschung auf diesem Gebiet geben.

1. Forschungstand zum Thema "Verhandeln" und "Geschlecht"

Bisherige Untersuchungen, wie sich das Geschlecht der Verhandelnden auf deren Verhandlungsstil und das Ergebnis auswirken, wurden überwiegend in den USA durchgeführt. Sie basieren in der Regel auf experimentellen Forschungsdesigns, wobei die Probanden - häufig Studierende - bei der Durchführung von Rollenspielen, für die sie jeweils spezifische Rollenanweisungen erhalten, beobachtet werden.

Entsprechend der gesellschaftlichen Rollenerwartungen an die Geschlechter wird als Ausgangsthese meistens angenommen, dass bei Frauen der kooperative und beziehungsorientierte Verhandlungsstil vorherrscht, während Männer den kompetitiven und individualistischen Stil praktizieren (Kolb 2003, S. 102).

Strukturiert man die bisherige Forschung, dann lassen sich vier Perspektiven auf das Thema "Verhandeln und Geschlecht" unterscheiden.

Perspektive 1

Die empirische Überprüfung der oben formulierten Ausgangshypothese fällt nicht ganz eindeutig aus, doch als letzter Stand der Forschung kann gelten, dass sich Frauen in Verhandlungen tatsächlich eher kooperativ verhalten als Männer (vgl. Lewicki, Saunders, Barry 2006, S. 378 f., Walters, Stuhlmacher, Meyer 1998, S. 1 ff.). Ein zweites, durch Experimente empirisch passabel abgesichertes Ergebnis ist, dass Männer in der Regel bessere Verhandlungsergebnisse erzielen als Frauen (vgl. Stuhlmacher, Walters 1999, siehe auch BOX III.1).

Bringt man diese beiden Befunde zusammen, so drängt sich folgende Erklärung auf: Frauen verhandeln anders und schlechter. Sie legen zuviel Wert auf die Beziehung zum Verhandlungspartner, setzen ihre Ziele nicht hoch genug an und sind generell zu emotional. Kurz gesagt: Sie haben im Hinblick auf das Verhandeln Defizite! Damit ist die vorherrschende Sichtweise auf unseren Forschungsgegenstand umrissen. Viele Bücher und Seminare basieren auf genau dieser Annahme (vgl. exemplarisch Topf 2005).

Perspektive 2

Eine zweite Perspektive basiert ebenfalls auf der Hypothese, dass Frauen eher beziehungsorientiert und Männer eher ergebnisorientiert verhandeln. Der Unterschied zu Perspektive 1 besteht jedoch darin, dass die Vorzeichen völlig anders bewertet werden. Nach dem Motto: Frauen verhandeln zwar anders, aber besser!

Diese Auffassung wird auf das Harvard - Konzept gestützt, das weder den "harten" (kompetitiven) noch den "weichen" (kooperativen) Verhandlungsstil für optimal ansieht, sondern vielmehr das sachbezogene Verhandeln in den Vordergrund stellt (vgl. Kap. I). Im Zuge der Erfolge, die dieses Konzept in den letzten 20 Jahren gefeiert hat, wird in Perspektive 2 der beziehungsorientierte weibliche Verhandlungsstil als besonders geeignet bewertet, um die im Rahmen des Harvard-Konzeptes angestrebten Win-Win-Konstellationen zu erreichen (vgl. Kolb/Coolidge 1991).

BOX III.1

Deborah Tannen (1997, S. 31 f.) berichtet über eine Untersuchung von Nadler/Nadler aus den 80er Jahren, die sich mit dem Zusammenhang zwischen Gehaltserhöhungen und Beförderungen und dem Verhandlungsgeschick der Beteiligten beschäftigte. Nadler/Nadler (1987) führten mit 174 Studenten Gehaltsverhandlungen im Rollenspiel durch und stellten fest, dass Frauen am Ende durchweg geringere Gehaltserhöhungen ausgehandelt hatten. Weitere Ergebnisse ihres Experiments waren, dass Männer in der Rolle der Mitarbeiter höhere Anfangsforderungen stellten und ihnen - insbesondere von Frauen - höhere Gehaltszulagen bewilligt wurden als den Frauen. Studenten in der Vorgesetztenrolle bewilligten im Schnitt ihren männlichen Mitabeitern höhere Gehaltszulagen und die niedrigsten Gehaltserhöhungen wurden schließlich ausgehandelt, wenn ein Mann den Vorgesetzten und eine Frau die Untergebene spielte.

Vergleichbare Ergebnisse erzielte eine von Gerhart/Rynes (1991, S. 256 ff.) durchgeführte Studie. Diese betrachteten die Gehälter von mehr als 200 Absolventen eines Ivy League MBA Programms und fanden heraus, dass Männer ein Anfangsgehalt herausverhandelten, das im Schnitt um 4,3 % höher lag als das erste Angebot, während Frauen ein nur durchschnittlich um 2,7% besseres Angebot verhandelten.

Allerdings zeigen empirische Untersuchungen, dass eine zu starke Orientierung an den Bedürfnissen des Verhandlungspartners im Hinblick auf die Verfolgung eigener Zielsetzungen kontraproduktiv ist (siehe BOX III.2). Insofern ist Perspektive 2 und die daraus ableitbare - durchaus charmante - Handlungskonsequenz (Frauen bleibt eurem Verhandlungsstil treu, er ist der erfolgreichere) skeptisch zu beurteilen.

Perspektive 3

Eine dritte Perspektive setzt bei der Erforschung von Verhandlungsstilen und -ergebnissen die Variable "Geschlecht" in Beziehung zu einer anderen Variablen, nämlich der auf die Verhandlungssituation bezogenen "Macht der Verhandelnden". Für diese Forschungsperspektive steht vor allem der Ansatz von Carol Watson. Sie unternahm eine Sekundäranalyse von acht zuvor durchgeführten empirischen Studien und stellte fest, dass es vor allem die Macht, nicht das Geschlecht ist, die den Verhandlungsstil und das Verhandlungsergebnis maßgeblich beeinflusst.

Sind die Verhandelnden mit Macht ausgestattet, so agieren sie dominanter und kompetitiver und erzielen bessere Ergebnisse - wobei dies für Männer und Frauen in ähnlicher Weise gilt (vgl. Watson 1994, S. 124).

BOX III.2

Ein Modell, das verschiedene Verhandlungsstrategien abbildet, ist das sog. **"Dual - Concern - Modell"** (vgl. Pruitt & Rubin 1986).

In diesem Modell werden die eigenen Interessen und die des Verhandlungspartners in Beziehung zueinander gesetzt. So entstehen vier verschiedene Interessenkonstellationen, die dazu passende Verhandlungsstrategien nahe legen:

Wer weder das eigene Interesse noch das Interesse der Gegenseite hoch gewichtet, der wird Verhandlungen vermeiden (**Vermeidungsstrategie**).

Wer nur die eigenen Interessen beachtet und denen der Gegenseite keine Bedeutung beimisst, wird auf Durchsetzung verhandeln (**Durchsetzungsstrategie**).

Wer umgekehrt die Interessen der anderen Partei höher gewichtet als die eigenen, der wird nachgeben (**Nachgebestrategie**).

Nur dann, wenn eine hohe Orientierung sowohl im Hinblick auf die eigenen Belange als auch auf die Belange der Gegenseite an den Tag gelegt wird, kommt es zu Kooperation und nur dann können Win-Win-Lösungen erreicht werden (**Integrationsstrategie**).

Das Dual - Concern - Modell wurde mehrfach empirisch getestet, wobei die im Folgenden dargestellte Untersuchung von Calhoun/Smith (1999) explizit die Frage nach geschlechtstypischen Unterschieden in das Forschungsdesign einbaute.

Ausgangsthese auch dieser Laborreihe war, dass - ohne externe "Manipulation" durch die Forscher - Frauen die Belange der Gegenseite stärker berücksichtigen würden als Männer. Dementsprechend wurde die Hypothese formuliert, dass Frauen ohne Einwirkung auf ihre Einstellung schlechtere Ergebnisse erzielen würden als bei einer externen Manipulation dahingehend, die eigenen Interessen besonders zu berücksichtigen. Bei Männern wurde erwartet, dass sie mit der Manipulation, sowohl die eigenen als auch die anderen Interessen zu verfolgen, besonders gute Ergebnisse erzielen würden und bei einer Verstärkung der Konzentration auf eigene Belange vergleichsweise schlechtere.

Als Ergebnis dieser Experimente lässt sich festhalten, dass sich bei Frauen das erwartete Resultat zeigte, bei Männer hingegen nicht. Frauen erreichten tatsächlich bessere Verhandlungsergebnisse, wenn sie dahingehend "stimuliert" wurden, die eigenen Interessen zu betonen. Bei Männern zeigte sich hingegen, dass sie immer dann gute Verhandlungsergebnisse erzielten, wenn die Orientierung an den eigenen Interessen stark war - unabhängig davon, ob die Berücksichtigung der Belange der anderen Seite durch externe Stimulierung positiv beeinflusst war oder nicht.

Allerdings gibt es in zwei Untersuchungen zusätzliche Beobachtungen, die darauf hinweisen, dass Frauen in Verhandlungen Dilemmata ausgesetzt sind, mit denen Männer nicht zu kämpfen haben (vgl. BOX III.3). Die Komplikationen für Frauen entstehen daraus, dass die Normen für Verhandlungen, die nach einem "Gewinner-Verlierer-Modell" ablaufen, von Männern passend zum männlichen Rollenstereotyp entwickelt und gelebt werden und mit dem weiblichen Rollenstereotyp nicht kompatibel sind. Männer haben demzufolge in Verhandlungen den Vorteil, dass der männliche Stereotyp in dieser sozialen Interaktion die kulturelle Vorherrschaft besitzt (vgl. Lewicki, Saunders, Barry 2006, S. 378) und Frauen sich daher am Verhandlungstisch weniger wohl fühlen. Dies könnte ihr Selbstbewusstsein und die Erwartung, dass die Verhandlung ein positives Ergebnis bringen wird, negativ beeinflussen.

BOX III.3

Watson und Hoffman (1992, vgl. hierzu Watson 1994, S. 122) stellten fest, dass sich Managerinnen vor dem Rollenspiel, in dem eine Verhandlung simuliert werden sollte, weniger selbstbewusst fühlten als Manager, und dass sie danach mit dem Ergebnis weniger zufrieden waren. Gleichzeitig bewerteten sie ihren Verhandlungserfolg geringer als Männer, obwohl dies nach den festgelegten Kriterien im Rahmen des Experiments gar nicht der Fall war.

Die Wissenschaftlerinnen stießen außerdem auf das überraschende Ergebnis, dass in gemischt-geschlechtlichen Verhandlungen Frauen, die mit wenig Macht ausgestattet waren, dann besonders "tough" (durchsetzungswillig, aggressiv) verhandelten, wenn ihr Gegenüber ein mit viel Macht ausgestatteter Mann war. Dagegen verhandelten mit wenig Macht ausgestattete Männer generell "soft" (nachgiebig), egal ob ihr Verhandlungspartner männlich oder weiblich war (vgl. Watson 1994, S. 124).

Molm (1986) kam zu dem Resultat, dass Frauen in der Verhandlung mit einer anderen Frau seltener eine "Tit-for-tat-Strategie" verfolgten als männliche Verhandlungspaare. Als Tit-for-tat-Strategie wird in der Spieltheorie eine "Wie du mir, so ich dir - Strategie" bezeichnet, die mit einem positiven "Zug" des ersten Spielers beginnt.

Im Rahmen von Gehaltsverhandlungen könnte dies z.B. das Angebot zur Übernahme zusätzlicher Verantwortung sein, um eine Gehaltserhöhung zu erreichen.

Perspektive 4

Die vierte Perspektive greift den Ansatz des "doing gender" auf und fragt, wie und unter welchen Bedingungen sich Genderaspekte in Verhandlungen manifestieren.[1] Relevant ist in diesem Zusammenhang, inwieweit sich die Verhandelnden mit ihren maskulinen oder femininen Seiten identifizieren und diese im Verhandlungsprozess zur Geltung bringen (vg. BOX III.4).

Diese Herangehensweise ist deshalb sehr interessant, weil sie ganz neue theoretische und vor allem praktische Optionen eröffnet - es werden Wahlmöglichkeiten deutlich! So kann ein Mann, wenn es ihm Erfolg versprechend erscheint, dem männlichen Stereotyp entsprechen, die andere Partei unter Druck setzen und kompetitiv verhandeln. Er kann sich aber auch ganz anders verhalten. Ebenso haben Frauen die Option, entweder die "typisch weibliche" Rolle zu übernehmen und auf den Beziehungsaufbau zur Gegenseite besonderen Wert zu legen oder eben auch nicht.

Allerdings kann es für Frauen problematisch sein, sich in Verhandlungen "männlich" zu verhalten. Untersuchungen haben gezeigt, dass Frauen und Männer auch dann unterschiedlich wahrgenommen werden, wenn sie sich gleich verhalten (siehe BOX III.5).

Soviel zum Stand der Forschung. Kommen wir nun zu den Ergebnissen unserer empirischen Untersuchung im Hinblick auf die Verhandlungskompetenzen männlicher und weiblicher Führungskräfte.

---

[1] Geschlecht und Gender werden außerhalb der wissenschaftlichen Diskussion in der Regel synonym verwendet und auch wir halten es in dieser Veröffentlichung so. Allerdings hat die Unterscheidung durchaus ihre Berechtigung. Die Kategorie "Geschlecht" bezieht sich auf biologische Merkmale von Männer und Frauen, während sich die Kategorie "Gender" auf die kulturelle, soziale und psychologische Prägung von Männer und Frauen bezieht.

BOX III.4

Erwartungen und die Stereotype anderer können das Ausmaß, in dem Genderaspekte in Verhandlungen hervortreten, ganz erheblich beeinflussen. Wenn der maskuline Stereotyp mit Verhandlungserfolg assoziiert wird, dann erzielen Männer bessere Ergebnisse als Frauen. Umgekehrt sind Frauen erfolgreicher, wenn die Verhandelnden dahingehend instruiert werden, dass Verhandlungserfolg mit weiblichem Verhalten verbunden ist (vgl. Kray, Galinsky, Thompson 2002, S. 386ff.).

Und auch das umgekehrte Untersuchungsdesign erbrachte entsprechende Resultate: Werden die Verhandelnden dahingehend informiert, dass "typisch männliches Verhalten" (Selbstbezogenheit, Durchsetzungsfähigkeit, Rationalität, begrenzter Einsatz von Gefühlen) schlechte Verhandlungsergebnisse erwarten lässt, dann sind Frauen besser. Berichtet man ihnen, dass "typisch weibliche Verhaltensweisen" (gut zuhören, sich in den anderen einfühlen) nicht zum Erfolg führen, dann sind umgekehrt wieder Männer erfolgreicher.

BOX III.5

Dreher, Dougherty und Whitely (1989, S. 547) fanden heraus, dass der Einsatz der sog. "Exchange-Taktik" (das bedeutet, den Verhandlungspartner an frühere Zugeständnisse zu erinnern) bei Männer in Gehaltsverhandlungen zu einem besseren, bei Frauen zu einem schlechteren Ergebnis führt. Eine Erklärung hierfür ist, dass diese Taktik nicht zu dem weiblichen Rollenstereotyp passt.

In einer anderen Untersuchung kamen Bowles u. a. (2004, S. 8 f.) zu dem Ergebnis, dass aggressives Verhandeln von Männern und Frauen unterschiedlich bewertet wird. Auf der Basis von schriftlich festgehaltenen Bewerbungsgesprächen, bei denen nur das Geschlecht des Bewerbers geändert wurde, sollten die Probanden entscheiden, ob sie die jeweiligen Personen einstellen würden oder nicht. Als Ergebnis wurde festgestellt, dass Personen die aggressiv verhandelten, generell seltener eingestellt wurden. Aber: Männer mit aggressivem Verhalten wurden dennoch dreieinhalb Mal so oft eingestellt wie Frauen. Mit anderen Worten: Frauen wurden sehr viel strenger für das gleiche Verhalten bestraft.

2. Frauen fragen - Männer werden gefragt?

Gehaltsverhandlungen sind in der Privatwirtschaft jederzeit und für alle möglich. Insbesondere für Führungskräfte, die in der Regel außertariflich eingestuft sind, ist das Aushandeln des Gehaltes das Standardverfahren. Aber auch Führungskräfte, deren Position von einem Tarifvertrag erfasst wird, können übertarifliche bzw. außertarifliche Zulagen frei mit ihrem Arbeitgeber aushandeln. Etwas anders sieht die Ausgangslage für die im öffentlichen Dienst Beschäftigten aus. Dort hängt die Vergütung/Besoldung in erster Linie von der Einstufung der übertragenen Aufgaben nach der Tätigkeitsbeschreibung und der Ausbildung des Einzelnen ab. Dennoch sind auch im öffentlichen Dienst Gehaltsverhandlungen möglich, soweit hier bereits leistungsabhängige Vergütungs-/ Besoldungselemente eingeführt wurden.

In der Praxis können Verhandlungsmöglichkeiten jedoch durch organisationsspezifische Regelungen für die Beförderung und für Gehaltserhöhungen eingeschränkt sein. Diese beziehen sich oftmals auf den Zeitpunkt der Verhandlung und/oder auf die Art und die Höhe des Verhandlungsspielraums. Auch einige Teilnehmer unserer Befragung berichteten von stark formalisierten Bewertungsverfahren als Grundlage der Gehaltsfestlegung, die eine persönliche Verhandlung nicht vorsähen. Derartige unternehmensinterne Systeme sind jedoch eher als ordnende „Abwehrinstrumente" anzusehen, um einen festen Rahmen für den Prozess der Gehaltsverhandlung zu schaffen. Verhandlungswillige sollten sich hiervon nicht abschrecken lassen.

"Wie viele Gehaltsverbesserungen hatten Sie in den letzten fünf Jahren?" wollten wir von den Führungskräften wissen. Die Auswertungen bestätigen unsere Ausgangsvermutung, dass sich Frauen generell seltener über Gehaltserhöhungen freuen können.

Fast ein Drittel aller befragten Frauen hatte in den letzten fünf Jahren keine Gehaltsverbesserung, aber nur ein Fünftel aller Männer. Die Gruppen derjenigen Männer (45,8%) bzw. Frauen (44,2%), die ein bis zwei Verbesserungen erzielt haben, sind in etwa gleich groß. Ein deutliches Auseinanderdriften zeigt sich dann wieder bei der Größenordnung "mehr als zwei Verbesserungen": Hier sind die Männer mit einem guten Drittel, die Frauen dagegen nur mit einem knappen Viertel vertreten.

Eine Fokussierung auf die Personalverantwortlichen zeigt, dass deren Gehalt generell häufiger erhöht wird und dass in der "Spitzengruppe mit mehr als zwei Gehaltsverbesserungen" der Anteil der Männer (40,5%) deutlich größer ist als der der Frauen (29,7%).

Abb. 5: Anzahl der Gehaltsverbesserungen in den letzten 5 Jahren

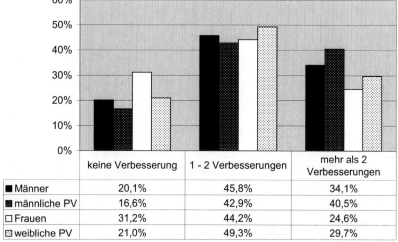

Ähnlich stellen sich die Ergebnisse im Hinblick auf die Beförderungen der letzten fünf Jahre dar. Gar nicht befördert wurden in diesem Zeitraum knapp 40% aller Männer und die Hälfte aller Frauen. Bei den Führungskräften mit Personalverantwortung sind es ein gutes Viertel aller Männer und ein knappes Drittel aller Frauen. Auf ein bis zwei Beförderungen können in beiden Gruppen häufiger die Männer zurück schauen. Mehr als zwei Karriereschritte konnten nur wenige realisieren.

Abb. 6: Anzahl der Beförderungen in den letzten 5 Jahren

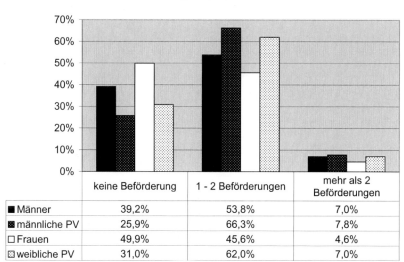

	keine Beförderung	1 - 2 Beförderungen	mehr als 2 Beförderungen
■ Männer	39,2%	53,8%	7,0%
▩ männliche PV	25,9%	66,3%	7,8%
☐ Frauen	49,9%	45,6%	4,6%
▨ weibliche PV	31,0%	62,0%	7,0%

Die Erfolgsbilanz der männlichen Führungskräfte im Hinblick auf Gehalts- und Karrieresprünge stellt sich demnach tatsächlich besser dar als die der Frauen. Trifft also die populäre These von Babcock/Laschever zu, dass Frauen sich nicht trauen, Gehaltserhöhungen zu fordern? Dass sie ganz einfach nicht fragen (siehe BOX III.6)?

BOX III.6

Linda Babcock und Sara Laschever machen eine einfache, aber plausible Rechnung auf: Frauen versäumen es, ihr Einstiegsgehalt zu verhandeln und erleiden daher im Laufe ihres Arbeitslebens einen Einkommensnachteil, der sich auf bis über eine halbe Million Dollar summieren kann. Sie untermauern diesen Zusammenhang mit zahlreichen eigenen und von anderen Wissenschaftlern durchgeführten Studien. So untersuchte Babcock die Einstiegsgehälter der Master-Absolventen der Carnegie Mellon University und stellte fest, dass die männlichen Absolventen ein Einstiegsgehalt erreichten, das im Durchschnitt um $ 4.000 höher lag als das ihrer Kommilitoninnen. Bei der Suche nach den Gründen fand sie heraus, dass nur 7% der Frauen über das Einstiegsgehalt verhandelten, aber 57% aller Männer (vgl. Babcock/Laschever 2007, S. 1 f.).

In der Ratgeberliteratur können wir dann z.B. lesen "Frauen bekommen immer noch für dieselbe Leistung deutlich weniger Gehalt als ihre männlichen Kollegen! Weil die Chefs so frauenfeindlich sind? Weil wir in einer Männerwelt leben, in der Frauen systematisch ausgebeutet werden? Schön wär's. Die Wahrheit ist bedrückender: Männer kriegen mehr Geld, weil sie öfter als ihre Kolleginnen um Gehaltserhöhung bitten, sich seltener von Vorgesetzten abwimmeln lassen und ihre schwachen Leistungen stark verkaufen" (Topf 2005, S. 11, ähnlich Bierach 2004, S. 26).

Wir sind der Auffassung, dass die These von Babcock/Laschever nicht zutreffend ist! Dies untermauern wir mit einem weiteren Blick auf unsere Daten.

Der Anteil der Frauen, die in den letzten fünf Jahren nach mehr Gehalt und/oder einer besseren Position nachgefragt haben, ist in der Gesamtgruppe mit 59,1% fast genauso hoch wie der der Männer (61,7%). Betrachtet man nur diejenigen mit Personalverantwortung, so verkehrt sich das Bild sogar: 65,2% der Frauen haben gefragt, aber nur 58,9% der Männer.

Der Mythos der ängstlichen weiblichen Führungskraft, die sich ganz generell nicht traut, ist damit zunächst einmal widerlegt!

Allerdings verrät diese isoliert betrachtete Tatsache, dass um mehr Gehalt nachgesucht wird, natürlich noch nichts darüber, wie dies geschieht. Geht jemand selbstbewusst und erfolgsgewiss oder ängstlich und unsicher in das Verhandlungsgespräch? Wird die Verhandlung gut vorbereitet? Ist die Verhandlungsführung souverän oder tritt jemand als Bittsteller auf? Wie wir in den folgenden Kapiteln zeigen werden, gibt es hier durchaus einige bemerkenswerte geschlechtstypische Unterschiede.

Zunächst bleibt jedoch festzuhalten: Frauen fragen (mindestens) genauso oft nach Gehalt und Aufstieg wie Männer. Und: Ein für uns erstaunlich großer Anteil von 22,2% der Gesamtgruppe und 17,4% der Personalverantwortlichen gibt sich anscheinend mit dem Status quo zufrieden.

Hier sehen wir für beide Geschlechter Entwicklungspotential!

Werfen wir also einen Blick auf diejenigen, die sich seit fünf Jahren mit dem Erreichten begnügen und in diesem Zeitraum keinen einzigen

Versuch unternommen haben, eine Gehaltserhöhung und/oder eine bessere Position zu erreichen. Welche Gründe haben hierfür den Ausschlag gegeben?

Die Männer nannten als wichtigste drei Gründe:
1. Die Situation im Unternehmen ist nicht günstig (29,3%).
2. Die Inhalte meiner Tätigkeit haben sich nicht verändert (22,4%).
3. Unternehmensinterne Verfahren schließen dies aus (17,2%).

Bei den Frauen ergibt sich eine minimal abweichende Rangfolge:
1. Die Inhalte meiner Tätigkeit haben sich nicht verändert (23,9%).
2. Die Situation im Unternehmen ist nicht günstig (22,7%).
3. Unternehmensinterne Verfahren schließen dies aus (20,5%).

Der ebenfalls von uns abgefragte Grund, dass sich die eigene Leistung nicht gesteigert hat, spielt für beide Geschlechter eine untergeordnete Rolle.

Betrachtet man nur die Personalverantwortlichen, kommt man zu wenig veränderten Ergebnissen.

Dagegen ist ein anderes, geschlechtsbezogenes Ergebnis unserer Auswertungen sehr aufschlussreich: Männer müssen vergleichsweise öfter gar nicht erst aktiv werden, da sie von ihren Vorgesetzten häufiger auf das Thema Gehaltserhöhung bzw. Beförderung angesprochen werden. Während dieser Unterschied in der Gesamtgruppe noch marginal ist, so zeigt er sich in der Subgruppe "Personalverantwortliche" recht deutlich: Fast ein Viertel der Personalverantwortlichen antwortete auf die Frage "Haben Sie in den letzten fünf Jahren nach einem höheren Gehalt und einer Aufstiegsmöglichkeit gefragt?", dass dies nicht nötig war, da sie angesprochen wurden. Der entsprechende Anteil bei den Frauen beträgt nur 16,3%.

Abb. 7: Nach Gehalt und Aufstieg gefragt

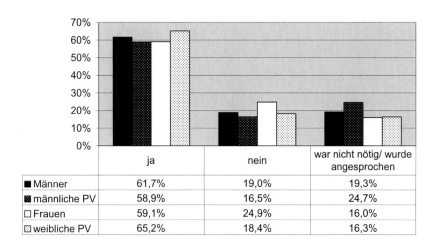

	ja	nein	war nicht nötig/ wurde angesprochen
■ Männer	61,7%	19,0%	19,3%
▩ männliche PV	58,9%	16,5%	24,7%
☐ Frauen	59,1%	24,9%	16,0%
▨ weibliche PV	65,2%	18,4%	16,3%

Wenn es um Gehaltsverhandlungen geht, liegt der Fehler der Frauen also keineswegs darin, aus Angst oder Scheu nicht um ein Gespräch nachzusuchen. Weshalb Frauen weniger oft angesprochen werden, war nicht Gegenstand unserer Befragung, so dass wir nicht mit unseren Daten argumentieren können. Es drängt sich jedoch der Eindruck auf, dass männliche Führungskräfte das Terrain für regelmäßige Gehaltserhöhungen generell besser vorbereiten als ihre weiblichen Kolleginnen.

Ein weiterer Erklärungsansatz könnte in der fehlenden Vernetzung der Frauen im Unternehmen zu sehen sein oder an ihrer Zurückhaltung, mikropolitische "Spielchen" (siehe BOX III.7) zur Verfolgung ihrer persönlichen Ziele zu betreiben. Und wenn sie mikropolitische Strategien oder Taktiken nutzen, liegen diese oft außerhalb der von ihnen erwarteten geschlechtstypischen Handlungsmuster und führen deshalb nicht zum Erfolg (Rastetter 2008, S. 207 ff.). Frauen in Führungspositionen sind in fast allen Branchen nach wie vor in der Minderheit. Dies birgt die Gefahr, dass sie ihr Verhalten an dem ihrer männlichen Kollegen oder Vorgesetzen orientieren und keine eigenen, auf ihre Persönlichkeit ausgerichteten Handlungsalternativen entwickeln. So orientieren sie sich oft an einem männlichen Managermodell. Dieses Verhalten liegt aber außerhalb des von Vorgesetzten und Kollegen eingeräumten Handlungskorridors, wonach von ihnen erwartet wird, die weibliche Rolle zu übernehmen und ihre weiblichen Fähigkeiten einzubringen (Rastetter 2007, S. 83 u. 97 f.). Oder um es mit den Worten von Barbara Bierach (2004, S. 7) auszudrücken: „Wenn Frauen über ihre Interessen wachen, gelten sie als intrigant und herrschsüchtig, wenn Männer dasselbe tun, sind sie durchsetzungs- und führungsstark." Das Ergebnis ist dann oft, dass Frauen statt des erwarteten Erfolges Abwehr und Ablehnung ernten.

Für weibliche Führungskräfte ist es daher besonders wichtig zu erkennen, welche mikropolitischen Strategien sie als Frau in ihrem Arbeitsumfeld am effektivsten zur Durchsetzung ihrer Interessen einsetzen können.

BOX III.7

Die Definition von mikropolitischem Handeln und der Kriterien, die mikropolitisches Handeln von anderem (z.B. sachzielbezogenem) Handeln abgrenzt, sind umstritten.

Neuberger (1994, S. 261) beschreibt Mikropolitik als „das Arsenal jener alltäglichen ‚kleinen' (Mikro-) Techniken, mit denen Macht aufgebaut und eingesetzt wird, um den eigenen Handlungsspielraum zu erweitern und sich fremder Kontrolle zu entziehen". Mögliche Einflusstaktiken könnten u.a. sein: „Einschmeicheln, Tauschangebote, Koalitionsbildung, höhere Instanzen einschalten, Konsultationen, Persönliche Appelle, Self-Promotion" (Neuberger 2006, S. 94).

Bosetzky (1991, S. 287) beschreibt Mikropolitik als „den Versuch des einzelnen Organisationsmitgliedes, persönliche Ziele (organisationsbezogene wie individuelle) durch das Eingehen von Koalitionen (Seilschaften, Promotionsbündnissen) mit anderen Personen und Gruppierungen innerhalb und außerhalb der Organisation schneller und besser zu erreichen". Zum Thema Karrierechancen führt er aus (1995, Sp. 1520): „Da Führungspositionen in Großorganisationen i. allg. durch Kooperation und Kalkül bzw. Proporzüberlegungen der herrschenden Gruppierungen besetzt werden und Leistung nur ein Kriterium unter vielen ist (manchmal sogar ein hinderliches), wird die Zugehörigkeit zu einer Seilschaft bzw. einem Promotionsbündnis fast zur Conditio sine qua non".

3. Was sind die wichtigsten Anlässe für Gehalts- und Aufstiegsverhandlungen?

Aus welchem Anlass werden weibliche und männliche Führungskräfte aktiv und suchen die Gehaltsverhandlung mit ihren Vorgesetzten? Werden Verhandlungschancen erkannt? Gibt es geschlechtstypische Unterschiede, die den Erfolg von vornherein beeinflussen?

Als ein empirisch abgesichertes Ergebnis in Bezug auf die Verhandlungsführung von Männern und Frauen wird angesehen, dass Frauen seltener erkennen, dass eine Situation Verhandlungspotential hat und damit ihre Chancen vertun (siehe BOX III.8).

Das beschriebene Defizit im Erkennen von Verhandlungschancen können wir bei den von uns befragten Frauen in Bezug auf Gehalts- und Aufstiegsverhandlungen nicht bestätigen. Es ergaben sich keine geschlechtsspezifischen Unterschiede bei der Frage, aus welchem Anlass wegen mehr Gehalt oder einer bessere Position nachgefragt wurde.

Die fünf häufigsten genannten Anlässe

1. "gute Leistungen gebracht",

2. "Veränderungen in der Organisationsstruktur",

3. "lange genug in der Position",

4. "neue interessante Position zu besetzen" und

5. "gutes Firmenergebnis"

stimmen bei männlichen und weiblichen Führungskräften überein.

BOX III.8

Deborah Small u. a. (2004, S. 7 ff.) fanden deutliche Unterschiede im Erkennen und Wahrnehmen von Verhandlungschancen. Sie informierten in ihrer Untersuchung ihre Probanden dahingehend, dass für ihre Leistung bei einer Aufgabe zwischen $ 3 und $ 10 gezahlt würden. Nach der Aufgabe wurden alle gefragt "Hier sind $ 3. Ist das O.K.?". In dieser Situation erkannten und nutzen deutlich mehr Männer die Chance, um mehr Geld zu verhandeln als Frauen.

Linda Babcock untersuchte gemeinsam mit Kollegen in einem breit angelegten Experiment im Netz, wie groß die Probanden das Potential von Verhandlungen einschätzten, um ihre Situation zu verbessern. Mit Hilfe einer Skala wurde gemessen, inwieweit jemand Verhandlungschancen erkennt und Verhandlungen zur Realisierung dieser Chancen als wichtig ansieht. Sie fanden heraus, dass Frauen mit einer 45% größeren Wahrscheinlichkeit auf dieser Skala einen niedrigen Wert erzielen, was ein Hinweis darauf ist, dass sie Verhandlungschancen seltener erkennen und nutzen (Babcock/Laschever 2007, S. 22 f.).

Auffällig ist, dass Anlässe, die sich nicht aus der eigenen Leistung ergeben, wie vor allem das gute Unternehmensergebnis, wesentlich seltener dazu führten, dass eine Gehalts- und Aufstiegsverhandlung initiiert wurde. Dies impliziert vermutlich, dass sowohl Frauen als auch Männer positive externe Rahmenbedingungen nicht genügend erkennen und nutzen.

Dass auch bei Frauen die eigenen guten Leistungen Rang 1 einnehmen, steht ebenfalls im Gegensatz zu bisheriger Forschung, die davon ausgeht, dass Frauen sich des Werts ihrer Arbeit weniger bewusst sind (vgl. BOX III.9).

Abb. 8: Anlässe für Gehalts- und Aufstiegsverhandlungen

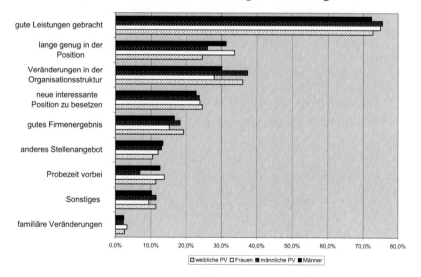

In Ratgebern wird gelegentlich suggeriert, dass die Veränderung der familiären Situation für Frauen ein wichtiges Argument ist, Gehaltsverhandlungen zu führen (siehe BOX III.10). Unsere Ergebnisse zeigen hingegen sehr deutlich, dass sowohl für männliche als auch für weibliche Führungskräfte "familiäre Veränderungen" nur sehr selten als Anlass für Gehaltsverhandlungen genommen werden.

BOX III.9

Lisa Barron (2003) bat MBA-Studenten, mit einem Recruiter hypothetische Job-Verhandlungen zu führen. In sich anschließenden Interviews wurden die Studenten gebeten, einzuschätzen, ob sie einen Anspruch auf gleiches oder höheres Gehalt hätten als die anderen "Bewerber". Als Ergebnis kam heraus, dass die Gruppe derjenigen, die meinten mehr als vergleichbare Bewerber bzw. ein Gehalt über dem Durchschnittsniveau zu verdienen, zu 70% männlich war. Die Aussage "Ich verdiene das Gleiche wie andere" reflektiert hingegen eher die Überzeugung vieler weiblicher Verhandler. Die Gruppe derjenigen, die diese Haltung als zutreffend ansah, war zu 71% weiblich.

BOX III.10

Zumindest wird Frauen nachgesagt, dass sie mit diesem Argument in der Gehaltsverhandlung punkten wollen: "Jetzt wo das zweite Kind da ist, reicht das Geld hinten und vorne nicht! Ohne Witz, das bringen manche Frauen als Begründung für einen Gehaltswunsch vor". Warum sie dies tun, wird damit begründet, dass Frauen nach dem Motto handeln: "Ich bin nicht so unverschämt, mehr Geld für mich und meine Leistung zu fordern. Es ist ja gar nicht für mich!" (Topf 2005, S. 65).

4. Wer ist in Gehalts- und Aufstiegsverhandlungen erfolgreich und mit dem Ergebnis zufrieden?

Mit welchem Ergebnis gehen Führungskräfte aus Gehalts- bzw. Aufstiegsverhandlungen? Oder anders gefragt: Wie groß fällt ihr Verhandlungserfolg aus? Welche Gehaltserhöhungen erzielen Führungskräfte und welche Unterschiede zwischen Männern und Frauen werden sichtbar?

Dazu haben wir die Teilnehmerinnen und Teilnehmer unserer Studie nach ihrer zuletzt geführten Gehalts- bzw. Aufstiegsverhandlung befragt.

Methodisch wichtig war in diesem Zusammenhang, wie der Verhandlungserfolg gemessen werden kann. Wir haben uns dafür entschieden, eine subjektive und eine objektive Komponente heranzuziehen. Zum einen (subjektiver Verhandlungserfolg) haben wir gefragt "Wie zufrieden waren Sie mit dem Verhandlungsergebnis?" Zum anderen (objektiver Verhandlungserfolg) wollten wir wissen: "Wieviel % Gehaltserhöhung haben Sie bekommen?".

Die Antworten zu diesem Themenkomplex liegen ganz auf der Linie bisheriger Forschung und des populären Vorverständnisses: Männer erzielen in Gehalts- und Aufstiegsverhandlungen die besseren Ergebnisse!

Dies zeigt sich bereits bei der Frage, was generell bei der letzten Verhandlung erreicht wurde. Zwar ist der Anteil derjenigen Männer und Frauen, die mehr Gehalt verhandelt haben, gleich groß. Hingegen ist der Anteil derjenigen, die mehr Gehalt und eine bessere Position erfolgreich verhandelt haben, bei den Männern mit 41% deutlich größer als bei den Frauen mit 33%. Damit werden natürlich die Weichen für die Zukunft gestellt. Es ist davon auszugehen, dass sich männliche Führungskräfte für die nächste Verhandlungsrunde durch gleichzeitige Positionsverbesserung eine günstigere Ausgangssituation schaffen. Eine Beförderung bietet in aller Regel neue Möglichkeiten, zusätzliche Erfolge zu erzielen bzw. nachzuweisen und liefert somit gute Argumente für die Zukunft.

Abb. 9: Ergebnis der zuletzt geführten Verhandlung

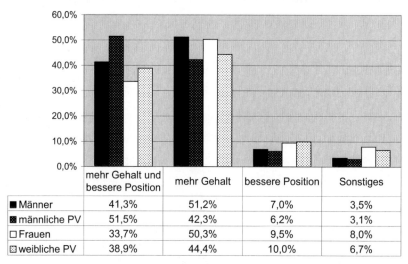

	mehr Gehalt und bessere Position	mehr Gehalt	bessere Position	Sonstiges
■ Männer	41,3%	51,2%	7,0%	3,5%
▩ männliche PV	51,5%	42,3%	6,2%	3,1%
☐ Frauen	33,7%	50,3%	9,5%	8,0%
▨ weibliche PV	38,9%	44,4%	10,0%	6,7%

Betrachtet man die Subgruppe der Personalverantwortlichen, so gewinnt das Bild noch an Schärfe. Insbesondere die Differenz von 12,6 Prozentpunkten bei der Kategorie "mehr Gehalt und bessere Position" ist hier als bemerkenswerte geschlechtstypische Differenz hervorzuheben.

Besonders spannend ist die Frage, wie groß der Verhandlungserfolg tatsächlich ausgefallen ist. Hier setzt sich die bereits beschriebene Tendenz weiter fort, dass Männer ganz eindeutig die größeren Erfolge erzielen. Während sich Frauen zu einem erheblichen Anteil mit kleinen Zuwächsen zwischen 1-4% zufrieden geben müssen, bekommen ihre männlichen Kollegen ein deutlich "größeres Stück vom Kuchen". Die Hälfte von ihnen kann eine Gehaltserhöhung von mehr als 10% realisieren, während der Anteil bei den Frauen hier knapp über 30% liegt.

Bei dem harten Kriterium "Gehaltserhöhung in Prozent" fällt die Differenz zwischen Männern und Frauen bei den Personalverantwortlichen tendenziell noch größer aus als in der Gruppe aller Befragten.

Abb. 10: Ergebnis der zuletzt geführten Verhandlung (in %)

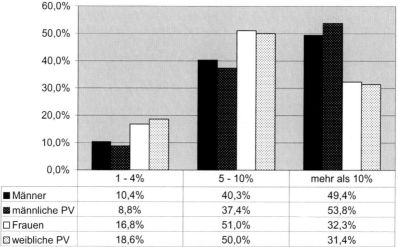

	1 - 4%	5 - 10%	mehr als 10%
■ Männer	10,4%	40,3%	49,4%
▨ männliche PV	8,8%	37,4%	53,8%
□ Frauen	16,8%	51,0%	32,3%
▥ weibliche PV	18,6%	50,0%	31,4%

Geht man von der These aus, dass mit Personalverantwortung ein Lernprozess verbunden ist, der sich auch im Bereich der Verhandlungskompetenzen niederschlagen dürfte, so kann man unsere Ergebnisse dahingehend interpretieren, dass dieser Lernprozess bei männlichen Führungskräften erfolgreicher vonstatten geht. Sie scheinen zumindest erfolgreicher darin zu sein, aus der Personalverantwortung Vorteile für das eigene Gehalt und die eigene Position zu ziehen.

Die subjektive Zufriedenheit der Befragten spiegelt den Befund wider, dass Männer die erfolgreicheren Verhandler um Gehalt und Aufstieg sind und widerlegt die gängige These, dass sich Frauen mit Weniger zufrieden geben (vgl. BOX III.11).

Insbesondere bei der Ausprägung "sehr zufrieden" ist der Anteil der befragten Männer sowohl in der Gesamtgruppe (32,2% zu 22,5%) als auch in der Subgruppe der Personalverantwortlichen (39,2% zu 21,6%) deutlich größer als bei den Frauen.

Es zeigt sich wiederum, dass bei den Personalverantwortlichen ein noch deutlicheres Auseinanderdriften festzustellen ist als in der Gruppe aller Befragten.

BOX III.11

Die Rede ist von einem Phänomen, das die Sozialpsychologin Faye Crosby (1982, S: 160) als "the paradox of the contented female worker" bezeichnet hat: Frauen sind auf gleichen Positionen zufriedener als Männer, auch wenn sie für die gleiche Arbeit weniger Geld bekommen.

Dies wird von verschiedenen Wissenschaftlern damit erklärt, dass Frauen mit weniger zufrieden sind, weil sie weniger erwarten. In verschiedenen Studien wurde nachgewiesen, dass die Gehaltserwartungen von Frauen generell niedriger sind als die der Männer (vgl. Babcock/Laschever 1997, S. 46 f.).

5. Verhandeln macht Spaß und ist eine sportliche Herausforderung?

Wir können festhalten: Die Gehaltslücke zwischen männlichen und weiblichen Führungskräften ist nicht darauf zurückzuführen, dass Frauen seltener Gehalts- und Aufstiegsverhandlungen initiieren. Frauen ergreifen die Initiative genauso häufig wie Männer, allerdings - und dies ist der springende Punkt - erzielen sie die schlechteren Verhandlungsergebnisse.

Im Folgenden überprüfen wir, ob und inwieweit dies mit den Verhandlungskompetenzen von Männern und Frauen zusammenhängt.

Kompetenz beginnt mit dem „Wollen", d.h. mit der persönlichen Einstellung bzw. der Motivation, etwas zu tun. Daher haben wir zunächst untersucht, welche Einstellungen unsere Befragten generell zum Thema Verhandeln und speziell zum Verhandeln um Gehalt haben.

Auch hierzu gibt es zusammengefasst eine verbreitete These, dass Frauen generell nicht gerne verhandeln (siehe BOX III.12).

BOX III.12

Auf der Homepage von Linda Babcock und Sara Laschever ist zu lesen:

"Women don't like to Negotiate

- In surveys, 2.5 times more women than men said they feel "a great deal of apprehension" about negotiating. [...]
- When asked to pick metaphors for the process of negotiating, men picked "winning a ballgame" and a "wrestling match," while women picked "going to the dentist."
- Women will pay as much as $1,353 to avoid negotiating the price of a car [...]
- 20 percent of adult women (22 million people) say they never negotiate at all, even though they often recognize negotiation as appropriate and even necessary" (http://www.womendontask.com/stats.html, 12.11.2008).

Und um auch eine deutsche Bestseller-Autorin zu Wort kommen zu lassen: Barbara Bierach (2004, S. 62 f.) schreibt zu diesem Thema: „Frauen haben Schwierigkeiten, Geld für sich zu fordern und formulieren selbst legitime Ansprüche noch als Frage. Vielleicht erklärt dies die Schwäche, warum Frauen sich in Deutschland noch immer mit rund 25 Prozent weniger Gehalt für die gleiche Arbeit abspeisen lassen. [...] Frauen nehmen häufig die Rolle der Bittstellerin ein, ihnen ist es unangenehm, über Geld zu sprechen. [....] sie äußern sich in Gehaltsverhandlungen vage, während Männer klare und hohe Forderungen stellen, um sich dann gnädig herunterhandeln zu lassen".

Was verraten unsere empirischen Daten? Tatsächlich zeigt sich, dass der Anteil der Frauen, die nicht gerne verhandeln, größer ist als der entsprechende Anteil der Männer. Angesichts der Bedeutung, die gerade der Verhandlungskompetenz in der beruflichen Realität heute zukommt, fällt aber auch ins Auge, dass ein nicht unerheblicher Teil der befragten Personen insgesamt nicht gerne verhandelt. Immerhin gilt dies für etwa ein Sechstel aller Männer und ein Viertel aller Frauen. Diese Gruppen werden kleiner, wenn man nur diejenigen mit Personalverantwortung betrachtet, was auf den vermuteten Lerneffekt in Sachen Verhandlungen schließen lässt. Gleichzeitig verringern sich die Prozentsatzdifferenzen zwischen den Geschlechtern, so dass man in Bezug auf die generelle Einstellung zum Verhandeln vorsichtig auf einen mindestens gleich großen Lerneffekt bei weiblichen Führungskräften schließen kann.

Abb. 11: Ich verhandle gern

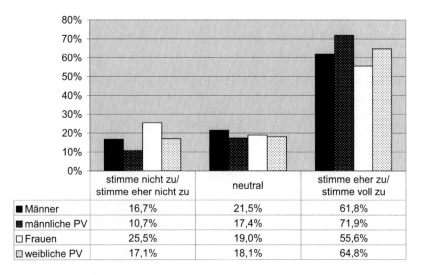

	stimme nicht zu/ stimme eher nicht zu	neutral	stimme eher zu/ stimme voll zu
■ Männer	16,7%	21,5%	61,8%
▩ männliche PV	10,7%	17,4%	71,9%
☐ Frauen	25,5%	19,0%	55,6%
▨ weibliche PV	17,1%	18,1%	64,8%

Frauen wird weiterhin nachgesagt, dass sie ungern im eigenen Interesse und lieber im Interesse anderer Personen verhandeln (siehe BOX III.13).

Unser empirischer Nachweis dieser Zusammenhänge fällt eher schwach aus. Zwar ist der Anteil der Frauen, die ungern im eigenen Interesse verhandeln, etwas größer als der der Männer.

Viel bedeutungsvoller scheint uns jedoch die Tatsache zu sein, dass mehr als ein Fünftel aller Männer und mehr als ein Viertel aller Frauen eher ungern im eigenen Interesse verhandelt!

Man könnte vermuten, dass sich dies bei den Führungskräften mit Personalverantwortung anders darstellt. Dies ist jedoch nicht der Fall. Wie die folgende Grafik zeigt, gehört das Verhandeln im eigenen Interesse auch bei den Führungskräften mit Personalverantwortung nicht unbedingt zu deren "Lieblingsbeschäftigung".

Abb. 12: Ich verhandle gern im eigenen Interesse

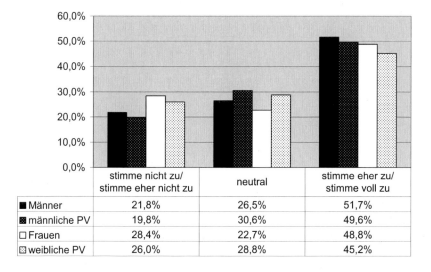

	stimme nicht zu/ stimme eher nicht zu	neutral	stimme eher zu/ stimme voll zu
■ Männer	21,8%	26,5%	51,7%
▩ männliche PV	19,8%	30,6%	49,6%
☐ Frauen	28,4%	22,7%	48,8%
▨ weibliche PV	26,0%	28,8%	45,2%

BOX III.13

Mary Wade (2001) untersuchte die Unterschiede zwischen den Geschlechtern im Hinblick auf "self-advocacy" und "others-advocacy". Sie legte ihrem Experiment die These zugrunde, dass Frauen lieber für andere verhandeln, da dies mit dem weiblichen Rollenstereotyp kompatibel ist. Dabei analysierte sie das Verhalten von 178 undergraduates. Diese wurden gebeten, ein mit einer Arbeitsbeschreibung ausgeschriebenes Praktikum anzunehmen und in ihrem Brief auch anzugeben, welches Entgelt (vorgegeben war eine Range zwischen $ 900 und $ 3000) sie hierfür angemessen fänden. Ferner wurde die eine Hälfte der Studierenden instruiert, die Position für sich selbst zu akzeptieren, während die andere Hälfte für eine andere Person handeln sollte.

Gemäß ihrer Erwartungen stellte Wade fest, dass Frauen um 8% geringere Forderungen stellten als Männer, wenn sie für sich selbst agierten. Dagegen forderten sie um 9% mehr als Männer, wenn sie für eine andere Person handelten.

Die "typisch weibliche" Präferenz, gerne im Interesse anderer Personen zu verhandeln, können wir (zumindest für die Gesamtgruppe) bestätigen.

Allerdings schrumpft diese geschlechtstypische Differenz, wenn man nur die Personalverantwortlichen betrachtet. Hier ist bei beiden Geschlechtern der Anteil derer erheblich größer, die der Aussage "Ich verhandle gerne im Interesse anderer" zustimmen. Dies kann man erneut dem bereits diskutierten Lerneffekt zuschreiben, der mit der Übernahme von Personalverantwortung einhergeht. Allerdings nimmt die Differenz zwischen Frauen und Männern ab. Oder anders formuliert: Bei Männern mit Personalverantwortung steigt die Lust, sich für andere zu engagieren.

Ein Erklärungsansatz könnte sein, dass diese „typisch weibliche" Disposition mit dem Erlangen von Personalverantwortung bei Männern stärker zunimmt, während sich dies bei Frauen aufgrund des ohnehin bereits höheren Ausgangswertes nicht mehr ganz so stark auswirkt.

Abb. 13: Ich verhandle gern im Interesse anderer

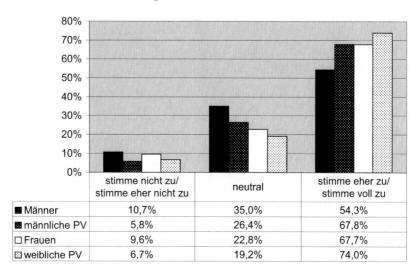

	stimme nicht zu/ stimme eher nicht zu	neutral	stimme eher zu/ stimme voll zu
Männer	10,7%	35,0%	54,3%
männliche PV	5,8%	26,4%	67,8%
Frauen	9,6%	22,8%	67,7%
weibliche PV	6,7%	19,2%	74,0%

Konnten wir bereits darlegen, dass es einen beträchtlichen Anteil männlicher und weiblicher Führungskräfte gibt, die ungern im eigenen Interesse verhandeln, so spitzt sich das Ergebnis noch einmal zu, wenn man ganz gezielt danach fragt, inwieweit Gehalts- und Aufstiegsverhandlungen als sportliche Herausforderung gesehen werden, die möglicherweise sogar Spaß machen.

Der Aussage "Es reizt mich, Gehalts- und Aufstiegsverhandlungen zu führen" können noch einmal deutlich weniger Personen zustimmen als der Aussage "Ich verhandle gerne im eigenen Interesse". Immerhin fast die Hälfte aller befragten Frauen und knapp 40% der befragten Männer stimmen hier nicht oder eher nicht zu.

Betrachtet man nur diejenigen, die Personalverantwortung haben, dann tritt dieser Unterschied noch deutlicher hervor: Während bei den Männern der Anteil derjenigen, die diese Aussage ablehnen, schrumpft, bleibt bei den weiblichen Personalverantwortlichen der Anteil unverändert. Wir interpretieren dies so, dass auch Aufstieg und Erfahrung mit Gehalts- und Aufstiegsverhandlungen nicht unbedingt dazu beitragen, den Frauen mehr Spaß daran zu vermitteln.

Abb. 14: Es reizt mich, Gehalts- /Aufstiegsverhandlungen zu führen

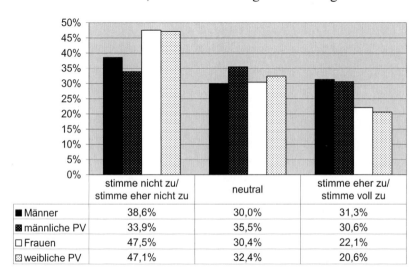

	stimme nicht zu/ stimme eher nicht zu	neutral	stimme eher zu/ stimme voll zu
■ Männer	38,6%	30,0%	31,3%
▨ männliche PV	33,9%	35,5%	30,6%
□ Frauen	47,5%	30,4%	22,1%
▨ weibliche PV	47,1%	32,4%	20,6%

Damit haben wir einen ersten Erklärungsfaktor gefunden, der für die schlechteren Verhandlungsergebnisse der weiblichen Führungskräfte verantwortlich sein könnte: Frauen haben eine negativere Einstellung zum Thema Gehaltsverhandlungen! Dieser Befund steht im Einklang mit bisheriger Forschung und wird verschiedentlich mit einer generellen Abneigung von Frauen begründet, mit anderen, insbesondere mit Männern, in Wettbewerb zu treten (BOX III.14).

BOX III.14

Die französischen Ökonomen Evren Örs, Frédéric Palomino und Eloic Peyrache (2008) untersuchten die Frage, welchen Einfluss Konkurrenzsituationen auf die Leistung von Frauen und Männern haben. Sie vertreten die Auffassung, dass die schlechteren Karrierechancen von Frauen darauf zurückzuführen sind, dass Frauen tendenziell mit Situationen, in denen extremer Wettbewerb herrscht, schlechter zu Recht kommen als Männer. Ausgangspunkt ihrer Untersuchung waren zwei zuvor durchgeführte Studien: Gneezy/Niederle/Rustichini (2003) stellten in Laborversuchen fest, dass die Leistungen von Männern in Prüfungen mit steigendem Wettbewerb ebenfalls steigen, während dies bei Frauen nicht der Fall war. Niederle/Vesterlund (2007) beobachteten Männer und Frauen bei der Bewältigung von kompetitiven und nicht-kompetitiven Aufgaben. Hierbei zeigte sich, dass 73% der Männer die kompetitiven Aufgaben bevorzugten, während dies nur bei 35% der Frauen der Fall war.

Diese Ergebnisse konnten durch die französische Studie erhärtet werden. Die Forscher werteten dazu Bewerberdaten der HEC School of Management aus, die aus rund 3.300 Bewerbern in einem zweistufigen Verfahren aus anspruchsvollen Klausuren und einer mündlichen Prüfung die rund 360 Besten auswählte. Obwohl Frauen rd. 50% der Kandidaten stellten, gehörten nach den Klausuren nur 46% von ihnen – trotz signifikant besserer Noten im Schulabschluss – zu den 20% erfolgreichen Bewerbern, die in die mündliche Prüfung kamen, bei denen die HEC nochmals jeden zweiten aussiebt.

Da die Frauen in der nach einem Jahr durchgeführten Zwischenprüfung im Schnitt bessere Ergebnisse erzielten als die Männer, lässt sich dieses Ergebnis nach Ansicht der Forscher nur durch den unterschiedlich hohen Konkurrenzdruck in den verschiedenen Prüfungen erklären. Anders als die Schulabschlussprüfung und die Zwischenprüfung, bei denen es nur auf das absolute Abschneiden ankommt, zählt beim HEC-Aufnahmetest dagegen das relative Abschneiden. Es geht also nicht nur darum gute Leistungen zu bringen, sondern zu den rd. 10% Besten zu gehören. Dem sich daraus ergebenden besonderen Leistungsdruck sind offenbar mehr Männer gewachsen als Frauen: Allerdings waren im Aufnahmetest die Leistungsunterschiede zwischen männlichen Bewerbern viel größer als zwischen weiblichen. Sowohl im besten als auch im schlechtesten Viertel der Bewerber waren die Männer in der Mehrheit.

Dass Frauen eine negativere Grundeinstellung zum Führen von Verhandlungen haben, lässt sich durch eine weitere Auswertung untermauern.

Was passiert, wenn Verhandlungen nicht erfolgreich verlaufen und wie werden Verhandlungsverluste mental verarbeitet? Hier kommen wir ebenfalls zu einem recht klaren geschlechtstypischen Unterschied: Frauen nehmen Verhandlungsverluste häufiger persönlich als Männer!

Aufschlussreich ist auch hier, dass der Anteil der Männer, die Verhandlungsverluste persönlich nehmen, in der Gruppe der Personalverantwortlichen kleiner wird, während er bei den Frauen mit einem guten Drittel in beiden Gruppen etwa gleich hoch ist.

Abb. 15: Ich nehme Verhandlungsverluste persönlich

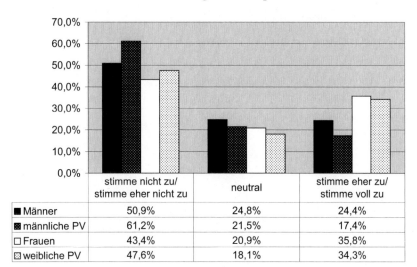

	stimme nicht zu/ stimme eher nicht zu	neutral	stimme eher zu/ stimme voll zu
■ Männer	50,9%	24,8%	24,4%
▩ männliche PV	61,2%	21,5%	17,4%
☐ Frauen	43,4%	20,9%	35,8%
▨ weibliche PV	47,6%	18,1%	34,3%

6. Wie bereiten sich Führungskräfte auf Gehalts- und Aufstiegsverhandlungen vor?

Nimmt man Bücher über erfolgreiche Verhandlungsführung zur Hand, so stellt man regelmäßig fest, dass dem Thema "Vorbereitung bzw. Planung" große Bedeutung beigemessen wird (vgl. exemplarisch Herzberg 2000, Lewicki, Saunders, Barry 2006, S. 102 ff.). Manche Autoren sprechen davon, dass der Erfolg zu 80% durch die Vorbereitung der Verhandlung bestimmt wird (Brinktrine/Schneider 2008, S. 17).

Die Praxis sieht hingegen ganz anders aus. Als ein weiteres zentrales Ergebnis unserer Untersuchung halten wir fest: Viele Führungskräfte gehen schlecht vorbereitet in Gehalts- und Aufstiegsverhandlungen. Bei den Personalverantwortlichen sieht die Bilanz wie folgt aus:

- Nur knapp 60% bereiten sich mental vor, sammeln Argumente und listen eigene Leistungen auf.
- Nur knapp 40% recherchieren Vergleichsgehälter, entwickeln eine Verhandlungsstrategie und bereiten sich auf ihren jeweiligen Gesprächspartner vor.
- Nur etwa ein Drittel legt eine Mindestforderung fest.
- Nur ein Viertel ermittelt den externen Marktwert.
- Grundprinzipien des Harvard-Konzeptes, wie das Festlegen zusätzlicher Optionen und das Entwickeln eines Alternativplans werden ebenfalls nur von etwa einem Viertel der Personalverantwortlichen umgesetzt.

Abb. 16: Genutzte Elemente der Verhandlungsvorbereitung (Personalverantwortliche)

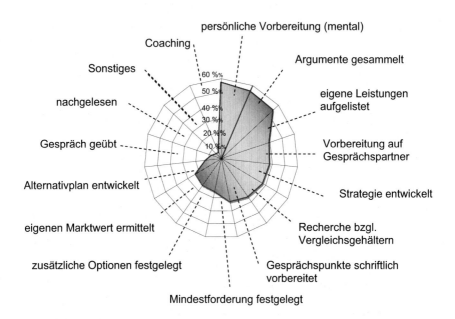

Für die Gesamtgruppe ergibt sich kein grundsätzlich anderes Ergebnis, außer dass die verschiedenen Elemente einer umfassenden Verhandlungsvorbereitung noch seltener genutzt werden als von den Personalverantwortlichen.

Warum die Vorbereitung nicht sehr intensiv betrieben wird, darüber lässt sich nur spekulieren. Angesichts der Bedeutung, die das Gehalts- und Aufstiegsgespräch für das eigene Fortkommen hat, kann fehlende Zeit als Begründung kaum ernsthaft angenommen werden. Wahrscheinlich liegt es daran, dass Vorbereitung und Planung langweilig erscheinen und Aktion bzw. "intuitive Improvisation" spannend oder dass die Akteure selbst die Vorbereitung für den Verhandlungserfolg weniger wichtig einschätzen als die "Experten".

Der Vergleich der Verhandlungsvorbereitungen männlicher und weiblicher Personalverantwortlicher weist durchaus geschlechtstypische Muster auf, wie folgende Tabelle zeigt.

Tab. 2: Vorhandlungsvorbereitung männlicher und weiblicher Personalverantwortlicher im Vergleich

	männliche Personalverantwortliche		weibliche Personalverantwortliche	
	in %	Rang	in %	Rang
Argumente gesammelt	61,2	1	49,5	3
eigene Leistungen aufgelistet	51,9	2	58,6	2
persönliche Vorbereitung mental	51,2	3	64,9	1
Vorbereitung auf den Gesprächspartner	39,5	4	39,6	5
Recherche bzgl. Vergleichsgehältern	37,2	5	37,8	6
Strategie entwickelt	35,7	6	41,4	4

Gruppiert man die Elemente der Verhandlungsvorbereitung, dann kann man sagen, dass beide Geschlechter sich eher ich-bezogen vorbereiten. Kontextbezogene Elemente, insbesondere die externe Ermittlung des eigenen Marktwertes nehmen einen untergeordneten Stellenwert ein. Dies gilt insbesondere für die weiblichen Führungskräfte mit Personalverantwortung, von denen nur jede Fünfte den eigenen Marktwert ermittelte, während dies immerhin knapp 30% aller Männer taten.

Wichtige Empfehlungen für das Verhandeln nach dem Harvard-Konzept - zusätzliche Optionen und Alternativpläne zu entwickeln - werden hingegen von beiden Geschlechtern gleichermaßen vernachlässigt.

Eine weitere Erkenntnis ist, dass fast alle Elemente der Vorbereitung von Frauen häufiger genutzt wurden. Sie bereiten sich demnach auf Verhandlungen gründlicher vor!

Allerdings liegt bei der Verhandlungsvorbereitung ein Auseinanderklaffen zwischen Fremd- und Selbsteinschätzung vor.

Im Gegensatz zu der von uns festgestellten unzulänglichen Vorbereitung, ist die Selbsteinschätzung der Befragten in diesem Punkt überaus positiv: Gut vorbereitet fanden sich mehr als 90% aller männlichen und über 85% aller weiblichen Personalverantwortlichen.

Und: Während wir feststellen, dass sich die Frauen gründlicher auf die Verhandlung vorbereitet haben als die Männer, spiegelt die Selbsteinschätzung der beiden Gruppen das Gegenteil wider.

Abb. 17: Genutzte Elemente der Verhandlungsvorbereitung
(männliche Personalverantwortliche)

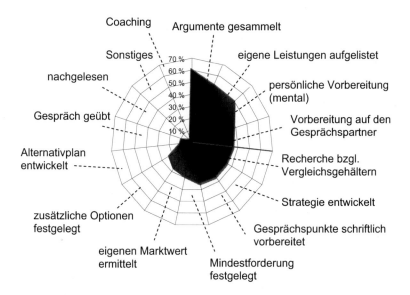

Abb. 18: Genutzte Elemente der Verhandlungsvorbereitung (weibliche Personalverantwortliche)

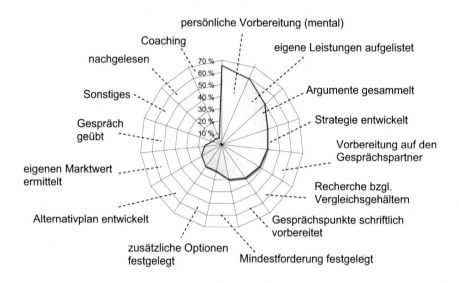

7. Strategien und Taktiken von Führungskräften

Alle Bücher über Verhandlungsführung widmen dem Thema Strategien mindestens ein Kapitel. Verhandlungstrainern und auch den Verhandelnden selbst gehen die Begriffe Strategie und Taktik locker über die Lippen. Aber was ist eine Verhandlungsstrategie und wie lässt sie sich von einer Verhandlungstaktik abgrenzen (siehe BOX III.15)?

Wir haben zu Beginn dieses Kapitels (siehe BOX III.2) schon auf das Dual-Concern-Modell und damit auf vier ganz grundsätzliche Verhandlungsstrategien Bezug genommen. Um den Zusammenhang zwischen Strategie und Taktik noch einmal deutlich zu machen: Wenn wir aus dem Dual-Concern-Modell die Integrationsstrategie auswählen und annehmen, dass es uns darum geht, eine produktive und dauerhafte Beziehung zur anderen Partei aufzubauen und demzufolge einen Problem lösenden Ansatz wählen, dann wären dazu passende Taktiken z.B. die eigenen Interessen zu beschreiben, offene Fragen zu stellen und aktiv zuzuhören.

Strategieentwicklungen zur Karriereplanung sind grundsätzlich in zwei Dimensionen möglich. Zum einen ist denkbar, dass man ein mittel- oder langfristiges Karriereziel (oder Gehaltsziel) festlegt und durch planvolles Handeln die Voraussetzungen für dessen Ereichung schafft. Diese Strategieentwicklung schließt auch mikropolitisches Handeln ein. Zum anderen kann sich die Strategieentwicklung auch auf die konkret bevorstehende Gehaltsverhandlung beziehen. In diesen Fällen würden ein Gesprächsziel sowie die verschiedenen Handlungsschritte zur Erreichung dieses Ziels festgelegt. Damit spiegelt die Strategie die Art der Vorbereitung und das Verhalten in der konkreten Verhandlung wider.

BOX III.15

"Eine **Strategie** ist ein längerfristig ausgerichtetes planvolles Anstreben einer vorteilhaften Lage oder eines Ziels. Strategie und **Taktik** hängen eng zusammen: Beide zielen auf den richtigen Einsatz bestimmter Mittel in Zeit und Raum, wobei sich Strategie im Allgemeinen auf ein übergeordnetes Ziel bezieht, während Taktik den Weg und die Maßnahmen bestimmt, kurzfristigere Zwischenziele zu erreichen" (http://de.wikipedia.org/wiki/Strategie; 12.11.2008).

"Applied to negotiations strategy refers to the overall plan to accomplish one's goals in a negotiation and the action sequences that will lead to the accomplishment of those goals. [...]

Tactics are short-term, adaptive moves designed to enact or pursue broad (or higher-level) strategies, which in turn provide stability, continuity, and direction for tactical behaviors" (Lewicki, Saunders, Barry 2006, S. 105).

Wie sieht es mit der Strategiekompetenz der Führungskräfte aus? Wir haben uns in dieser Untersuchung auf das Entwickeln von Gesprächsstrategien konzentriert.

Zur Erinnerung: Bei den weiblichen Personalverantwortlichen war das Vorbereiten einer Strategie das Element, das mit einem Anteil von 41,4% (Gesamtgruppe: 31,4%) am vierthäufigsten genannt wurde. Bei den Männern schaffte es diese Art der Vorbereitung nicht unter die Top 5. Der Anteil der Männer, die zur Vorbereitung der Gehaltsverhandlung eine Strategie entwickelten, beträgt 35,7% (Gesamtgruppe: 29,7%).

Welche konkreten Strategien stehen hinter diesen Prozentangaben?

Wir hatten alle diejenigen, die zur Vorbereitung ihrer Gehalts- und Aufstiegsverhandlung eine Strategie entwickelt haben, gebeten, diese in kurzen Stichworten zu beschreiben. Insgesamt sind 123 Teilnehmer dieser Aufforderung gefolgt, hiervon 53 Männer und 70 Frauen. Die Auswertung ist ernüchternd. Der Großteil der Antworten beschreibt einzelne, spezielle Vorbereitungshandlungen oder ein individuelles Verhalten im Gespräch. Lediglich 28 der beschriebenen Vorgehensweisen können nach unserer Definition überhaupt als Strategieentwicklung eingestuft werden. Hiervon kamen 12 von Frauen und 16 von Männern. Diese Strategien betrachten wir in Kap. IV.8 noch genauer.

8. Mit welchen Gefühlen gehen Führungskräfte in das Verhandlungsgespräch?

Wir haben bereits herausgearbeitet, dass viele weibliche Führungskräfte dem Thema Gehaltsverhandlung nicht positiv gegenüberstehen. Andere Untersuchungen - z.B. die Experimente von Watson/Hoffman (vgl. Watson 1994) - sprechen dafür, dass Frauen mit weniger Selbstbewusstsein in Verhandlungen gehen.

Da wir mit Fisher/Shapiro (2005) davon ausgehen, dass die Emotionen der Beteiligten für den Verhandlungserfolg eine große Bedeutung haben, wollten wir von den Führungskräften wissen, mit welcher emotionalen Grundstimmung sie in das Verhandlungsgespräch gegangen sind.

Insgesamt konnten wir feststellen, dass ein beträchtlicher Teil der Befragten mit Nervosität (31,1%) und/oder Unsicherheit (19,2%) in die Verhandlung geht, wobei eine geschlechtstypische Tendenz deutlich wird.

Fast 40% der insgesamt befragten Frauen geben an, vor dem Verhandlungsgespräch nervös bzw. sehr nervös gewesen zu sein. Bei den Männern liegt dieser Anteil mit gut 23% deutlich niedriger. In der Gruppe der Personalverantwortlichen werden die entsprechenden Anteile kleiner, der geschlechtstypische Unterschied bleibt mit einem Abstand von gut 15 Prozentpunkten jedoch genauso prägnant wie in der Gesamtgruppe. Auch dieses Ergebnis liegt auf der Linie bisheriger Forschung (vgl. BOX III.16).

BOX III.16

In der bereits zitierten Studie von Babcock (vgl. BOX III.7) wurde auch ein Instrument eingesetzt, um den Grad bestehender Ängste in Bezug auf Verhandlungen zu messen. Die Probanden erhielten Beschreibungen verschiedener Szenarien und wurden um ihre Einschätzung gebeten, wie sie sich in den verschiedenen Situationen fühlen würden. Frauen zeigten in allen Situationen signifikant mehr Befürchtungen im Hinblick auf das Verhandeln als Männer. Einzige Ausnahme war ein Szenario, indem es darum ging, wo die Familie ihren Urlaub verbringen sollte. Frauen drückten insbesondere bei solchen Situationen Ängste aus, die das Arbeitsleben betrafen. Hier fühlten sie sich doppelt so häufig "sehr ängstlich" oder sogar "extrem ängstlich" (vgl. Bacock/Laschever 2007, S. 125).

Abb. 19: Vor der Verhandlung: Nervös

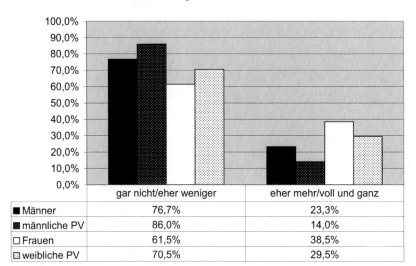

Knapp ein Fünftel aller Befragten fühlte sich vor dem Verhandlungsgespräch sogar unsicher, im Vergleich zur Nervosität eine noch stärker belastende Emotion. Auch hier werden die Anteile derjenigen, die mit Unsicherheit in das Gespräch gehen, in der Subgruppe der Personalverantwortlichen kleiner.

Der bereits bei dem Thema "Nervosität" festgestellte geschlechtstypische Unterschied ist hier ebenfalls gut zu erkennen und tritt sogar noch schärfer hervor, wenn man nur die Führungskräfte mit Personalverantwortung betrachtet.

Wie männliche und weibliche Führungskräfte um Gehalt und Aufstieg verhandeln 79

Abb. 20: Vor der Verhandlung: Unsicher

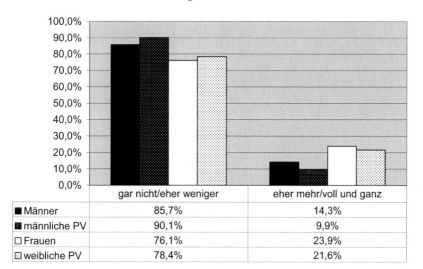

Konsequenterweise stellen sich die Antworten auf die Frage, inwieweit sich die Befragten vor dem Verhandlungsgespräch "ruhig und gelassen" gefühlt hätten, spiegelbildlich dar. Der Anteil derjenigen, die hier "eher mehr" oder "voll und ganz" zutreffend fand, beträgt in der Gesamtgruppe 67,1%, bei den Personalverantwortlichen 76,6%.

Die Analyse nach Geschlecht unterstreicht den oben bereits beschriebenen Befund: Frauen gehen deutlich seltener mit Ruhe und Gelassenheit in eine Gehaltsverhandlung. Auch dieser Befund passt zu bisherigen Forschungsergebnissen (siehe BOX III.17).

BOX III.17

Die größere Gelassenheit von Männern in Verhandlungen wird u. a. darauf zurückgeführt, dass Männer eher unabhängige "Selbst-Schemata" haben, während bei Frauen die "Selbst-Schemata" stärker von anderen Menschen abhängig sind (vgl. Cross/Madson 1997, S. 5 ff.). Welchen Einfluss dies auf das Verhandeln hat, untersuchte Lisa Barron in der bereits erwähnten Studie (vgl. BOX III.8). Sie unterschied zwei Gruppen: Die erste Gruppe, die Verhandeln eher "instrumentell" als Möglichkeit ansieht, eigene Interessen zu vertreten, erwies sich als überwiegend männlich (72%). Die zweite Gruppe, die Verhandeln eher als Möglichkeit interpretiert, die eigene Akzeptanz bei anderen zu steigern, war dagegen vorwiegend mit weiblichen Probanden besetzt (71%).

In der Gesamtgruppe gehen drei Viertel aller Männer "ruhig und gelassen" in die Verhandlung, aber nur 60% aller Frauen. Bei den Personalverantwortlichen schrumpft dieser Abstand leicht zusammen.

Ein noch positiveres Gefühl ("erfolgsgewiss") empfanden etwa zwei Drittel in der Gesamtgruppe und bei den Personalverantwortlichen. Nennenswerte Differenzen zwischen den Geschlechtern zeigten sich hier nicht.

Wir können also ein weiteres Zwischenfazit ziehen: Frauen fragen genauso häufig wie Männer nach Gehaltsverbesserungen und Beförderungen, sind aber hierbei seltener erfolgreich. Dies korrespondiert mit dem Ergebnis, dass sie sich häufiger nervös oder gar unsicher fühlen, bevor sie in eine Gehaltsverhandlung gehen. Frauen sollten darauf hin arbeiten, ihre Nervosität in den Griff zu bekommen, sich sicher zu fühlen und selbstbewusst aufzutreten.

Das Vertrackte ist, dass sehr viele Frauen angegeben haben, sich mental auf die Verhandlung vorzubereiten; dies war das wichtigste Element überhaupt. Hier läuft etwas falsch! Ihre mentale Vorbereitung ist ganz offensichtlich nicht Ziel führend.

9. Wie verläuft das Verhandlungsgespräch?

In Bezug auf das Gesprächverhalten von Männern und Frauen gibt es schon viele Vorarbeiten, die einen weiblichen Kommunikationsstil identifiziert und beschrieben haben, der eher auf Verständigung als auf Durchsetzung im Gespräch ausgerichtet ist (siehe BOX III.17).

Wir waren demnach besonders gespannt darauf, ob sich diese bisherigen Befunde auch in unserer Untersuchung zum Verhandlungsverhalten widerspiegeln würden und welche Konsequenzen ein geschlechtstypisches Kommunikationsverhalten für die Verhandlungsführung von männlichen und weiblichen Führungskräften hat.

Im Hinblick auf die Redeanteile im Verhandlungsgespräch können wir eine Differenz zwischen den Geschlechtern feststellen, die jedoch vergleichsweise gering ausfällt.

Abb. 21: Die Redeanteile waren ausgeglichen

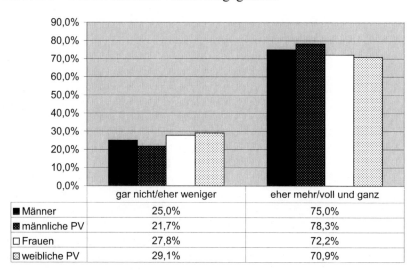

	gar nicht/eher weniger	eher mehr/voll und ganz
■ Männer	25,0%	75,0%
▩ männliche PV	21,7%	78,3%
☐ Frauen	27,8%	72,2%
▨ weibliche PV	29,1%	70,9%

BOX III.18

Ausgehend von der These von Pamela Fishman (1977, 1978) „Männer kontrollieren die Gespräche, Frauen leisten die Gesprächsarbeit" analysierte Ulrike Gräßel (2004) Fernsehdiskussionen und stellte Folgendes fest:

Das Gesprächsverhalten von Frauen ist gekennzeichnet durch ein ausgesprochen aufmerksames und unterstützendes Hörverhalten, Formen der Abschwächung und das Fehlen von Formen dominanten Sprachverhaltens" (S. 65).

Frauen leisten die Gesprächsarbeit, indem sie

- häufiger die Sätze anderer Gesprächsteilnehmerinnen und -teilnehmer vollenden und

- mehr Unterstützungen geben als Männer: Durch minimale Verstärker signalisieren sie, dass sie aufmerksam zuhören (S. 63).

Dieses auf der Beziehungsebene gegebene Signal führt nach unserer Auffassung übrigens öfters zu Missverständnissen, da es von Männern irrtümlich als Zustimmung zu der inhaltlichen Aussage (Sachebene) gewertet.

Frauen halten sich zurück, indem sie

- häufiger etwas sagen „möchten",

- häufiger „meinen" oder „denken", dass etwas so ist,

- häufiger eine Aussage in Frageform formulieren,

- seltener als Männer Scheinbezüge herstellen,

- seltener als Männer die Geste eines erhobenen Zeigefingers verwenden.

- häufiger als Männer an unpassenden Stellen lächeln (S. 64).

Letzteres führt u. E. ebenfalls zu Fehlinterpretationen, da ihr Lächeln oft der Beziehungsebene und nicht dem Inhalt des Gesagten gilt.

Piechotta (2001) beschreibt in ihrer Analyse einer Fernsehdiskussion darüber hinaus noch folgende geschlechtstypische Aspekte des Redeverhaltens sowie der Körpersprache:

- Frauen bekommen das Rederecht öfter zugeteilt als dass sie es sich nehmen (S. 29 ff.); Versuche, das Wort zu erlangen, scheitern bei Frauen deutlich öfter als bei Männern (S. 30).
- Männer beanspruchen mehr Raum und verwenden eher Dominanzgesten (S. 69).
- Frauen zeigen durch Mimik eher Emotionen, Männer beherrschen das „Pokerface" besser (S. 70 f.).

"Ich konnte die Inhalte des Gesprächs bestimmen" konstatierten in der Gesamtgruppe 64,5% der Befragten, in der Gruppe der Personalverantwortlichen 71%. Auch bei diesem Merkmal sind die Unterschiede zwischen den Geschlechtern generell klein und etwas ausgeprägter in der Gruppe der Führungskräfte mit Personalverantwortung.

Abb. 22: Ich konnte die Inhalte des Gesprächs bestimmen

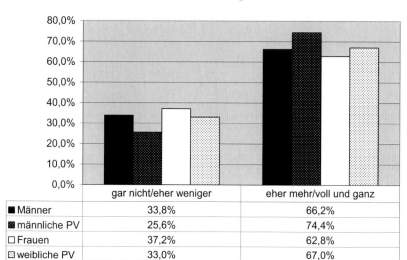

	gar nicht/eher weniger	eher mehr/voll und ganz
■ Männer	33,8%	66,2%
▩ männliche PV	25,6%	74,4%
☐ Frauen	37,2%	62,8%
▥ weibliche PV	33,0%	67,0%

Bei der weicher formulierten Frage nach dem eigenen Einfluss auf das Gespräch ("Ich hatte Einfluss auf den Gesprächsverlauf"), geht der Anteil derjenigen, die dieser Aussage eher mehr oder voll und ganz zustimmen, nach oben (Gesamtgruppe: 73,6%, Personalverantwortliche: 79,8%). Gleichzeitig öffnet sich die Schere zwischen Männern und Frauen weiter: Mehr als ein Viertel der befragten weiblichen Führungskräfte mit Personalverantwortung gibt an, die Inhalte der

Gehaltsverhandlung wenig beeinflusst zu haben, während dies bei den Männern nur knapp 15% bejahen.

Abb. 23: Ich hatte Einfluss auf den Gesprächsverlauf

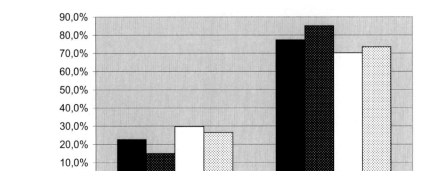

	gar nicht/eher weniger	eher mehr/voll und ganz
Männer	22,6%	77,4%
männliche PV	14,9%	85,1%
Frauen	29,8%	70,2%
weibliche PV	26,5%	73,5%

"Wer fragt, der führt" lautet ein geflügeltes Wort. Daher wollten wir wissen, ob es den Führungskräften in der Gehaltsverhandlung gelungen war, alle für sie wichtigen Fragen zu stellen, und ob diese vom Gesprächspartner auch beantwortet wurden. Der Aussage "Ich konnte alle Fragen stellen" stimmen insgesamt 78,6% aller Befragten und 76,8% aller Personalverantwortlichen mit "eher mehr" bzw. "voll und ganz" zu. Geschlechtstypische Unterscheidungen sind hier nicht bemerkenswert, wohl aber die Tatsache, dass weit über 20% der Führungskräfte mit Personalverantwortung in der Gehaltsverhandlung nicht alle beabsichtigten Fragen unterbringen konnten.

Bei dem weiter gehenden Merkmal, ob auch alle Fragen vom Gesprächpartner beantwortet wurden, ist zum einen der geschlechtstypische Unterschied bemerkenswert, dass Frauen deutlich seltener der Meinung waren, auf ihre Fragen auch Antworten bekommen zu haben. Allerdings ist auch der entsprechende Anteil bei den Männern recht hoch: Fast 40% aller weiblichen und 27% aller männlichen Personalverantwortlichen geben an, dass ihre Fragen in der Gehaltsverhandlung nicht beantwortet wurden!

An dieser Stelle ist kritisch zu hinterfragen, ob die Verweigerung einer angemessenen Antwort bei Frauen tatsächlich häufiger der Fall war. Plausibel ist auch, dass Frauen mit erhaltenen Antworten weniger leicht zufrieden zu stellen sind. Dies stünde im Einklang mit dem in Box III.3 vorgestellten Ergebnis, dass Frauen dazu tendieren, ihre Verhandlungserfolge geringer einzuschätzen als Männer.

Abb. 24: 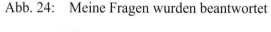 Meine Fragen wurden beantwortet

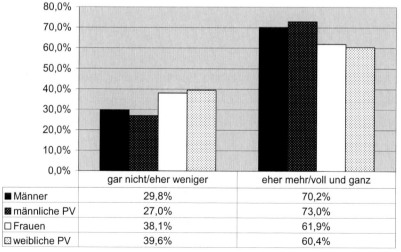

	gar nicht/eher weniger	eher mehr/voll und ganz
■ Männer	29,8%	70,2%
▨ männliche PV	27,0%	73,0%
☐ Frauen	38,1%	61,9%
▨ weibliche PV	39,6%	60,4%

Weiterhin ist mit über 90% die große Mehrheit der Personalverantwortlichen der Auffassung, dass sie Gelegenheit hatten, ihre Argumente darzulegen, ohne dass sich hier Unterschiede zwischen den Geschlechtern ergeben.

Bei der ergänzenden Frage, inwieweit der Verhandlungspartner auch zugehört hat, sinken diese Anteile und es wird wiederum ein Unterschied zwischen männlichen und weiblichen Personalverantwortlichen deutlich: Jede fünfte Frau geht aus der Gehaltsverhandlung mit dem Eindruck, dass der Vorgesetzte nicht richtig zugehört hat.

Fasst man diese Einzelergebnisse zusammen, so untermauern sie durchaus die Ausgangsthese eines geschlechtstypischen Kommunikationsstils, der sich dadurch charakterisieren lässt, dass es Frauen seltener gelingt, in der Gehaltsverhandlung Wirksamkeit zu entfalten. Sie schaffen es zwar in gleicher Weise, ihre Argumente vorzutragen bzw. ihre Fragen zu stellen, allerdings fällt die Reaktion des Gegenübers unterschiedlich aus. Männern wird häufiger zugehört und ihre Fragen werden häufiger auch tatsächlich beantwortet. Dies führt in der Gesamteinschätzung dazu, dass Frauen ihren Einfluss auf das Gespräch geringer einschätzen.

Der geschlechtstypische Unterschied soll aber nicht darüber hinwegtäuschen, dass auch viele Männer im Hinblick auf ihre kommunikativen Kompetenzen Nachholbedarf haben!

10. Vorgesetzte Vorsicht: Was machen Führungskräfte, die mit dem Verhandlungsergebnis unzufrieden sind?

Welche Konsequenzen ziehen Führungskräfte, wenn sie mit dem Ergebnis der Gehalts- und Aufstiegsverhandlung unzufrieden sind? Mit Resignation ("Ich habe es nicht mehr versucht") reagierte insgesamt ein relativ kleiner Teil der Gesamtgruppe und der Personalverantwortlichen, wobei der Anteil der weiblichen Befragten jeweils deutlich höher ausfällt; bei den Personalverantwortlichen beträgt er immerhin 16%.

Wiederum stellt sich heraus, dass sich Frauen durchaus nicht scheuen zu fragen. Ihr Anteil bei der Option "Ich habe noch einmal gefragt" liegt in beiden Gruppen über dem der Männer. Von den weiblichen Personalverantwortlichen haben immerhin 28% noch einmal nachgefragt, bei den männlichen dagegen nur 20%.

Der deutlichste Unterschied zwischen den Geschlechtern liegt darin, dass der Anteil der Männer, die es "später noch einmal versuchen werden" in beiden Gruppen wesentlich größer ist als der der Frauen: Mehr als die Hälfte aller Männer wählte diese Option, aber nur ein gutes Drittel aller Frauen.

Abb. 25: Ich werde es noch einmal versuchen

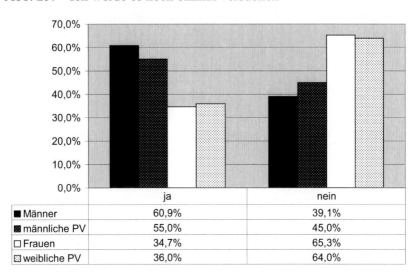

	ja	nein
■ Männer	60,9%	39,1%
▨ männliche PV	55,0%	45,0%
☐ Frauen	34,7%	65,3%
▨ weibliche PV	36,0%	64,0%

Ein letzter Befund dürfte für Vorgesetzte von besonderem Interesse sein. Ein recht großer Anteil derjenigen, die mit dem Ergebnis ihrer letzten Gehaltsverhandlung unzufrieden waren, bemüht sich um eine Stellung in einem anderen Unternehmen. Dieser Anteil beträgt in der Gesamtgruppe 44,2%, in der Gruppe der Personalverantwortlichen 37,8% und liegt bei den weiblichen Personalverantwortlichen signifikant höher als bei ihren männlichen Kollegen. 44% aller weiblichen Personalverantwortlichen, die mit dem Ergebnis ihrer letzten Gehaltsverhandlung nicht zufrieden waren, suchen sich einen anderen Job! Bei den männlichen Personalverantwortlichen beträgt der Anteil immer noch 30%.

Dieses Ergebnis ist ein deutliches Signal an alle Vorgesetzten! Wer Mitarbeiter halten möchte, aber derzeit ihren Gehalts- und Aufstiegswünschen nicht entsprechen kann, sollte dies vermitteln ohne zu demotivieren.

Abb. 26: Ich bemühe mich um eine Stellung in einem anderen Unternehmen

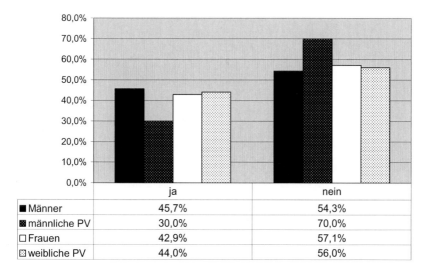

	ja	nein
■ Männer	45,7%	54,3%
▨ männliche PV	30,0%	70,0%
☐ Frauen	42,9%	57,1%
▨ weibliche PV	44,0%	56,0%

IV. Erfolgsfaktoren der Gehalts- und Aufstiegsverhandlung

Bisher haben wir uns auf den Vergleich männlicher und weiblicher Verhandler konzentriert und beschrieben, mit welchem Ergebnis diese aus ihrer letzten Verhandlungsrunde herausgegangen sind. Wir haben gezeigt, dass Männer in dreierlei Hinsicht deutlich erfolgreicher waren als Frauen: Sie erzielten häufiger eine Gehaltserhöhung, diese war zusätzlich häufiger mit einem gleichzeitigen Karriereschritt verbunden und sie erreichten öfter einen Gehaltssprung von mehr als 10%.

Wir haben ebenfalls bereits über unsere methodische Vorgehensweise berichtet, in unserer Untersuchung sowohl eine "harte" objektive (erzielte Gehaltserhöhung in %) als auch eine "weiche" subjektive Erfolgsgröße (Zufriedenheit mit dem Verhandlungsergebnis) zu erheben.

Mit Hilfe dieser beiden Variablen differenzierten wir die Gesamtgruppe in "erfolgreiche Verhandler" und "nicht erfolgreiche Verhandler": Als erfolgreich soll im Folgenden gelten, wer eine Gehaltserhöhung von mindesten 5% erzielt hat und "sehr zufrieden" oder wenigstens "zufrieden" aus der Verhandlung heraus gegangen ist. Alle anderen haben wir als nicht erfolgreich eingestuft.

1. Wie erfolgreich verhandeln Führungskräfte?

Nach diesen Kriterien gehört nur! ein Gutes Viertel (26,2%) aller befragten Personen zu den erfolgreichen Verhandlern.[2]

Würde man die Messlatte höher - aber sicherlich nicht übertrieben hoch - anlegen und als erfolgreich nur diejenigen ansehen, die mindestens 10% Gehaltserhöhung bekommen haben, und damit mindestens zufrieden waren, so würde der Anteil der Erfolgreichen noch einmal auf knapp ein Fünftel schrumpfen.

Betrachtet man die Verteilung der Stichprobe nach Geschlecht, so zeigt sich - angesichts der eingangs bereits beschriebenen schlechteren Verhandlungsergebnisse von Frauen nicht weiter verwunderlich -, dass der Anteil der erfolgreichen Frauen bezogen auf alle weiblichen Befragten mit 22,5% erheblich kleiner ausfällt als der Anteil der erfolgreichen Männer bezogen auf alle männlichen Befragten mit 31,1%.

---

[2] Diese Prozentangaben beziehen sich auf die 810 (nicht erfolgreich: n = 598, erfolgreich n = 212) gültigen Fälle, die in die Auswertung der entsprechenden Fragen einbezogen werden konnten. Wenn der Anteil der erfolgreichen bzw. nicht erfolgreichen Verhandlern bei weiteren Auswertungen hiervon abweicht, so ist dies auf eine differierende Zahl gültiger Fälle zurückzuführen.

Abb. 27: Verhandlungserfolg (mindestens 5% Gehaltserhöhung)

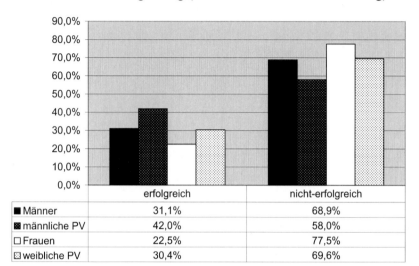

Verwenden wir die strengere Festlegung von Verhandlungserfolg (mind. 10% Gehaltserhöhung), so schrumpft der Anteil der Erfolgreichen insgesamt auf 19,8% zusammen. Die Differenz zwischen "sehr erfolgreichen" Männern (23,9%) und Frauen (16,6%) wird etwas kleiner, sie bleibt aber deutlich sichtbar.

Bei den Führungskräften mit Personalverantwortung kann ein erheblich besserer Verhandlungserfolg festgestellt werden: Immerhin zählen hier mehr als ein Drittel aller Befragten (36,6%) zu den erfolgreichen Verhandlern. Die Betrachtung nach Geschlecht zeigt, dass die Schere noch weiter aufgeht: 42,0% der männlichen Personalverantwortlichen haben erfolgreich verhandelt, aber nur 30,4% der weiblichen.

Sehr viele Gehalts- und Aufstiegsverhandlungen, die in deutschen Unternehmen geführt werden, sind also nicht gerade von Erfolg gekrönt!

Im Folgenden untersuchen wir, welche Faktoren positiv oder negativ auf den Verhandlungserfolg wirken (vgl. Abb. 28). Ein wichtiger Strang, den wir hierbei verfolgen möchten, betrifft die verschiedenen Facetten der Verhandlungskompetenz - denn hier gibt es Ansatzpunkte für die Verhandelnden selbst sowie für Trainer und Coachs, um künftig bessere Verhandlungsergebnisse zu erzielen.

Daneben berücksichtigen wir, dass auch andere persönliche (Alter, Ausbildungshintergrund) und unternehmensbezogene Einflussfaktoren (Branche, Unternehmensgröße) sowie die Stellung im Unternehmen (Vollzeit vs. Teilzeit, Personalverantwortung) eine Rolle spielen können.

Abb. 28: Einflussfaktoren auf den Verhandlungserfolg

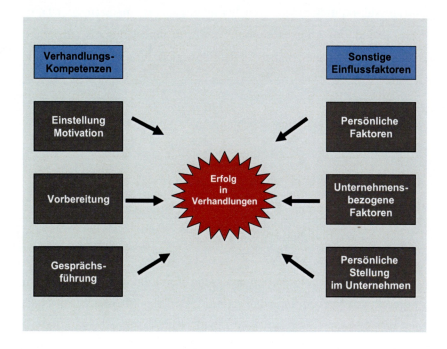

2. Was sehen die Verhandelnden als Erfolgsfaktoren an?

Worauf führen diejenigen ihren Erfolg zurück, die nach unserer Definition (mind. 5% Gehaltserhöhung und mit dem Ergebnis zufrieden) erfolgreich verhandelt haben? Die Führungskräfte nannten folgende Gründe:

1. Meine Vorstellungen waren angemessen (64,9%)
2. Mein(e) Vorgesetzte(r) unterstützt mich (53,6%)
3. Meine Vorbereitungen haben geholfen (41,2%)
4. Es war der richtige Zeitpunkt für das Unternehmen (39,8%)
5. Ich habe gut verhandelt (37,4%)

Selbst steuerbare Faktoren (angemessene Vorstellung, Beziehung zum Vorgesetzten, Verhandlungsvorbereitung) spielen also nach Einschätzung der Befragten eine deutlich größere Rolle als der externe Faktor (richtiger Zeitpunkt für das Unternehmen). Interessant ist auch, dass der Verhandlungskompetenz im engeren Sinne ("Ich habe gut verhandelt") eine untergeordnete Bedeutung zugemessen wird.

Ein signifikanter geschlechtstypischer Unterschied ist in der Gesamtgruppe, dass der Einflussfaktor "Meine Vorstellungen waren angemessen" von Frauen sehr viel seltener (58,3%) genannt wurde als von Männern (71,3%). Ganz ausgeglichen stellen sich demgegenüber die Ergebnisse für die Faktoren „Meine Vorbereitungen haben geholfen" (Männer 40,7%, Frauen 41,7%) und „Mein Vorgesetzter unterstützt mich" (Männer 54,6%, Frauen 52,4%) dar. Bei dem externen Einflussfaktor „Es war der richtige Zeitpunkt für das Unternehmen" geht die Schere zwischen Männern (50,9%) und Frauen (28,2%) dagegen sehr weit auf.

Abb. 29: Subjektive Gründe für Verhandlungserfolg

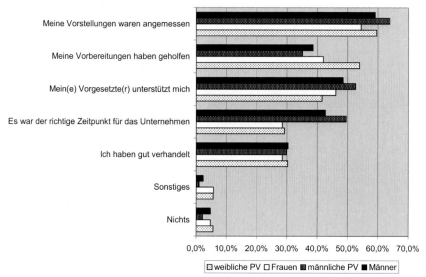

Ziehen wir zum Vergleich die Führungskräfte mit Personalverantwortung heran, so verändert sich die oben dargestellte Rangfolge nicht.

Differenziert nach Geschlecht fallen neben den bereits festgestellten Unterschieden im Hinblick auf "meine Vorstellungen waren angemessen" und "es war der richtige Zeitpunkt für das Unternehmen" noch zwei weitere Punkte auf: Die weiblichen Personalverantwortlichen führen ihren Erfolg deutlich häufiger auf die eigene Vorbereitung (Männer 38,0% / Frauen 55,6%) und seltener auf die Unterstützung durch den Vorgesetzten (Männer 53,5% / Frauen 46,7%) zurück.

Hieraus lässt sich der Schluss ziehen, dass Frauen ihre Gehalts- und Aufstiegswünsche stark auf die eigene Person zentriert betreiben und zuwenig auf externe Rahmenbedingungen, wie z.B. die aktuelle Unternehmenssituation, achten. Dies korrespondiert mit unserer Beobachtung, dass auch die Anlässe, eine Gehaltsverhandlung zu initiieren, insbesondere bei den weiblichen Führungskräften sehr stark ichzentriert sind (vgl. Kap. III.3).

Die Interpretation der Ergebnisse im Hinblick auf die Unterstützung durch Vorgesetzte ist nicht ganz leicht. Zum einen könnte es natürlich sein, dass Frauen tatsächlich weniger Unterstützung durch ihren Chef oder ihre Chefin genießen als Männer. Denkbar ist auch, dass sie nur dieses Empfinden haben, da sie die Messlatte im Hinblick auf Unterstützung höher anlegen.

3. Lieber mit einem Mann oder einer Frau verhandeln?

Wir haben festgestellt, dass Frauen ihre Verhandlungserfolge seltener als Männer darauf zurückführen, dass sie von ihren Vorgesetzten unterstützt werden. Daran schließt sich die Frage an: Inwieweit wird der Verhandlungserfolg bei Gehalts- und Aufstiegsverhandlungen dadurch beeinflusst, ob das Gegenüber männlich oder weiblich ist?

Unsere Untersuchungsergebnisse legen generell nahe, dass Verhandlungen mit einem männlichen Vorgesetzten mit größerer Wahrscheinlichkeit erfolgreich verlaufen!

Von allen erfolgreichen Verhandlern, die diese Frage beantwortet haben (n=211), verhandelten 91,0% mit einem Mann und 9,0% mit einer Frau. Diese erhebliche Diskrepanz ist in erster Linie darauf zurückzuführen, dass auch bezogen auf alle, die diese Frage beantwortet haben (n = 511), der Anteil der weiblichen Vorgesetzten (12,9%) deutlich unter dem der männlichen (87,1%) liegt.

Die Erfolgsquoten in Bezug auf das Geschlecht des Gesprächspartners sehen wie folgt aus: Verhandlungen mit einem männlichen Vorgesetzten führten zu 43,1% und mit einer weiblichen Vorgesetzten nur zu 28,8% zum Erfolg.

Abb. 30: Verhandlungserfolg und Geschlecht des Gegenübers

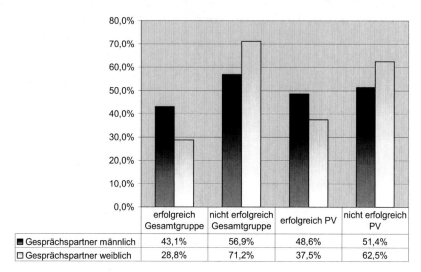

	erfolgreich Gesamtgruppe	nicht erfolgreich Gesamtgruppe	erfolgreich PV	nicht erfolgreich PV
■ Gesprächspartner männlich	43,1%	56,9%	48,6%	51,4%
□ Gesprächspartner weiblich	28,8%	71,2%	37,5%	62,5%

Es drängt sich die Frage auf, ob Frauen zumindest dann relativ bessere Ergebnisse erzielen, wenn sie mit einer anderen Frau verhandeln.

Unter dem Vorbehalt der geringen Anzahl weiblicher Vorgesetzter kommen wir zu dem Ergebnis, dass die größte Erfolgsquote (46,2%) erreicht wird, wenn ein Mann mit einem Mann verhandelt. Die zweitbeste kommt zustande, wenn eine Frau mit einem Mann (40,1%) verhandelt. An dritter Stelle steht die Konstellation "Frau verhandelt mit Frau" (31,3%). Die ungünstigste Erfolgsquote (22,2%) erzielen Männer, die mit einer Frau verhandeln.

Bei den Personalverantwortlichen erweist sich das Gespräch "von Mann zu Mann" als noch günstiger. Die Konstellation "Frau verhandelt mit Frau" erreicht hier immerhin Rang zwei. Dies erlaubt den Schluss, dass das "Bienenköniginnen-Syndrom" nicht in dem Maße zuschlägt, wie gelegentlich unterstellt (siehe BOX IV.1).

Tab. 3: Verhandlungserfolg und Geschlecht des Gegenübers

	Gesamtgruppe insgesamt	davon erfolgreich	Personalverantwortliche insgesamt	davon erfolgreich
Fall 1: Mann verhandelt mit männlichem Vorgesetzten	223 (100%)	103 (46,2%)	123 (100%	69 (56,1%)
Fall 2: Mann verhandelt mit weiblicher Vorgesetzten	18 (100%)	4 (22,2%)	7 (100%)	2 (28,6%)
Fall 3: Frau verhandelt mit männlichem Vorgesetzten	222 (100%)	89 (40,1%)	97 (100%)	38 (39,2%)
Fall 4: Frau verhandelt mit weiblicher Vorgesetzten	48 (100%)	15 (31,3%)	17 (100%)	7 (41,2%)

BOX IV.1

Das "Bienenköniginnen-Syndrom" nimmt Bezug auf den Außenseiterstatus, den eine Frau hat, wenn sie Erfolg und Position in einer Männerdomäne errungen hat. Es unterstellt, dass Führungsfrauen sich selbst als Ausnahme definieren und vom eigenen Geschlecht abwertend distanzieren. Sie übernehmen die Frauen-Vorurteile ihrer männlichen Führungskollegen, um von ihnen besser akzeptiert zu werden (vgl. Friedel-Howe 1999, S. 543).

4. Persönliche Merkmale und Verhandlungserfolg

Alter und Verhandlungserfolg

Auf einen Nenner gebracht: Erfolgreiche Verhandler sind eher jung! In der gesamten Stichprobe haben 26,8% mit Erfolg verhandelt. Der entsprechende Anteil ist bei den 30 bis 39-jährigen mit 32,2% deutlich größer. Die Jüngeren liegen mit 26,3% im Schnitt. Die Älteren sind dagegen seltener erfolgreich (40 - 49-jährige: 22,9%, über 50-jährige: 20%).

In der Gruppe der Personalverantwortlichen (Erfolgsquote: 36,6%) sind die erfolgreichen 30 - 39-jährigen ebenfalls überrepräsentiert (44,8%). Hier liegt die Altersgruppe 40 - 49 Jahre (38,8%) etwa im Schnitt und sowohl die ganz Jungen (unter 30 Jahre) als auch die Älteren (über 50 Jahre) sind mit 3,4% bzw. 12,9% deutlich unterrepräsentiert.

Ausbildungshintergrund und Verhandlungserfolg

Die überwiegende Mehrheit von 73,5% hat einen Hochschulabschluss. Der Einfluss auf den Verhandlungserfolg ist jedoch gering: 78,8% derjenigen, die erfolgreich Gehalts- und Aufstiegsverhandlungen geführt haben, sind Akademiker, aber auch 71,7% derjenigen, die nicht erfolgreich waren. Die Betrachtung der Personalverantwortlichen ergibt keine bemerkenswerten Abweichungen.

5. Unternehmensmerkmale und Verhandlungserfolg

Unternehmensgröße und Verhandlungserfolg

Je größer das Unternehmen, umso größer die Chance, erfolgreich aus Gehaltsverhandlungen hervorzugehen.

Abb. 31: Unternehmensgröße und Verhandlungserfolg

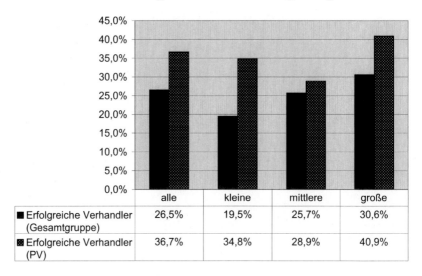

Bei einer Erfolgreichenquote von 26,5% sind diejenigen, die in kleinen Unternehmen (0 - 49 Beschäftigte) arbeiten, mit einem Anteil von 19,5% deutlich unterrepräsentiert. Verhandler aus mittelgroßen Unternehmen (50 - 499) liegen knapp unterhalb des Durchschnitts. Besonders groß ist der Anteil erfolgreicher Verhandler in Unternehmen mit mehr als 500 Beschäftigten.

Bei den Personalverantwortlichen stellt sich der Zusammenhang etwas anders da. Hier liegt die Erfolgsquote in kleinen Unternehmen über der in mittelgroßen Unternehmen.

Die beiden Einzelergebnisse, dass Frauen weniger erfolgreich verhandeln und mit der Unternehmensgröße die Chance auf Verhandlungserfolg wächst, lohnt es sich, im Zusammenhang zu untersuchen.

Wie Tabelle 4 deutlich macht, verläuft der Trend bei beiden Geschlechtern in die gleiche Richtung - je größer das Unternehmen umso größer der Anteil erfolgreicher Verhandler. Aber: Auch wenn Frauen in Großunternehmen arbeiten, schneiden sie schlechter ab als ihre männlichen Kollegen.

Ein abweichendes Ergebnis ist bei den weiblichen Personalverantwortlichen zu erkennen. Hier besteht die größte Erfolgsquote in kleinen Unternehmen.

Tab. 4: Unternehmensgröße und Verhandlungserfolg

	Gesamtgruppe insgesamt	davon erfolgreich	Personalverantwortliche insgesamt	davon erfolgreich
Fall 1: Mann verhandelt in kleinem Unternehmen	55 (100%)	12 (21,8%)	23 (100%)	8 (34,8%)
Fall 2: Mann verhandelt in mittlerem Unternehmen	69 (100%)	21 (30,4%)	40 (100%)	15 (37,5%)
Fall 3: Mann verhandelt in großem Unternehmen	220 (100%)	75 (34,1%)	105 (100%)	48 (45,7%)
Fall 4: Frau verhandelt in kleinem Unternehmen	171 (100%)	32 (18,7%)	46 (100%)	16 (34,8%)
Fall 5: Frau verhandelt in mittlerem Unternehmen	83 (100%)	18 (21,7%)	36 (100%)	7 (19,4%)
Fall 6: Frau verhandelt in großem Unternehmen	201 (100%)	54 (26,9%)	66 (100%)	22 (33,3%)

Unternehmensbranche und Verhandlungserfolg

Ein weiteres relevantes unternehmensbezogenes Merkmal ist die Branche. Wie Abb. 32 zeigt, sind die Anteile der erfolgreichen Verhandler in den Branchen "Kunst und Kultur" (hier ist allerdings die geringe Zahl von n = 4 problematisch), "Unternehmens-, Steuer-, Rechtsberatung" (n = 84), "Energie- und Wasserversorgung" (n = 14), "Verkehr und Telekommunikation" (n = 90), "Handel" (n = 24) "Industrie" (n = 127) sowie "Kreditinstitute, Versicherung, Finanzdienstleistungen" (n = 86) überdurchschnittlich hoch. In allen anderen Branchen liegen die Anteile der erfolgreichen Verhandler unterhalb des gewichteten Durchschnitts von 26,2%.

Abb. 32: Unternehmensbranche und Verhandlungserfolg

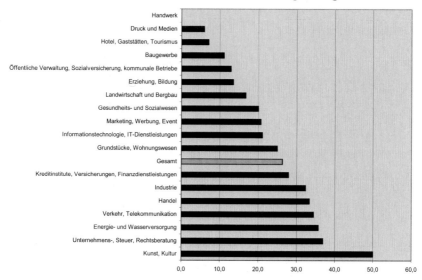

Auch bei der branchenbezogenen Auswertung ist die Wechselwirkung mit dem Geschlecht von großem Interesse. Da wir bei einer Differenzierung nach beiden Kriterien in vielen Branchen auf eine zu geringe Felderbesetzung kommen, möchten wir diese Betrachtung exemplarisch anhand der folgenden fünf Branchen vornehmen, in denen wir insgesamt die größte Beteiligung bezogen auf die Gesamtgruppe hatten: "Industrie", "Verkehr und Telekommunikation", "Informationstechnologie und IT- Dienstleistungen" sowie "Kreditinstitute, Versicherungen, Finanzdienstleistungen" und "Unternehmens-, Steuer-, Rechtsberatung".

Die Anteile erfolgreicher Verhandlerinnen der Gesamtgruppe (vgl. Tab. 5) liegen großteils unter denen ihrer männlichen Kollegen, wobei die Diskrepanz in der Industrie mit Abstand am größten ist. Der "Ausreißer" ist der Finanzsektor, in dem der Anteil der erfolgreichen Frauen deutlich größer ist.

Das Bild bei den Personalverantwortlichen deckt sich mit diesen Ergebnissen weitgehend. Zusätzlich bemerkenswert ist hier, dass auch in der Beratungsbranche die Erfolgsquote der Frauen besser ausfällt.

Als Ergebnis können wir festhalten: Auch wenn Frauen dort arbeiten, wo tendenziell häufiger erfolgreiche Gehaltsverhandlungen geführt werden, schneiden sie in den meisten dieser Branchen schlechter ab.

Tab. 5: Unternehmensbranche und Verhandlungserfolg

	Gesamtgruppe insgesamt	davon erfolgreich	Personalverantwortliche	davon erfolgreich
Fall 1: Mann verhandelt in der Branche "Industrie"	78 (100%)	30 (38,5%)	49 (100%)	23 (46,9%)
Fall 2: Frau verhandelt in der Branche "Industrie"	49 (100%)	11 (22,4%)	23 (100%)	8 (34,8%)
Fall 3: Mann verhandelt in der Branche "Verkehr und Telekommunikation"	48 (100%)	17 (35,4%)	13 (100%)	6 (46,2%)
Fall 4: Frau verhandelt in der Branche "Verkehr und Telekommunikation"	42 (100%)	14 (33,3%)	10 (100%)	2 (20%)
Fall 5: Mann verhandelt in der Branche "Informationstechnologie und IT-Dienstleistungen"	54 (100%)	12 (22,2%)	13 (100%)	3 (23,1%)
Fall 6: Frau verhandelt in der Branche "Informationstechnologie und IT-Dienstleistungen"	36 (100%)	7 (19,4%)	10 (100%)	2 (20%)
Fall 7: Mann verhandelt in der Branche "Kreditinstitute, Versicherungen, Finanzdienstleistungen"	40 (100%)	10 (25%)	21 (100%)	8 (38,1%)
Fall 8: Frau verhandelt in der Branche "Kreditinstitute, Versicherungen, Finanzdienstleistungen"	30 (100%)	15 (50%)	17 (100%)	12 (70,6%)
Fall 9: Mann verhandelt in der Branche "Unternehmens-, Steuer, Rechtsberatung"	46 (100%)	14 (30,4%)	13 (100%)	3 (23,1%)
Fall 10: Frau verhandelt in der Branche "Unternehmens-, Steuer-, Rechtsberatung"	54 (100%)	16 (29,6%)	10 (100%)	3 (30%)

6. Stellung im Unternehmen und Verhandlungserfolg

Vollzeit/Teilzeit und Verhandlungserfolg

Das Ergebnis fällt eindeutig aus: Vollzeitbeschäftigte gehören wesentlich häufiger zu den erfolgreichen Verhandlern als Teilzeitbeschäftigte.

Hier gibt es wiederum ein Zusammenwirken mit dem Geschlecht der Befragten. Wie stellen sich die Erfolgsquoten von Männern und Frauen bei Gehaltsverhandlungen dar, wenn man den "Vollzeit-/ Teilzeit-Effekt" berücksichtigt?

Bei den männlichen Führungskräften ändert sich der Anteil der erfolgreichen Verhandler nur marginal. Dies ist darauf zurückzuführen, dass fast alle in Vollzeit arbeiten. Bei den weiblichen Führungskräften stellt sich hingegen die Erfolgsquote erheblich besser dar, wenn man die in Teilzeit Beschäftigen "herausrechnet".

Ein interessanter Nebenaspekt ist die zu 100% negative Bilanz der teilzeitbeschäftigten Männer. Dieses an sich höchst spannende Ergebnis ist aber aufgrund der geringen Fallzahl (n = 7) nur begrenzt aussagekräftig.

Tab. 6: Vollzeit/Teilzeit und Verhandlungserfolg

	Gesamt-gruppe insgesamt	davon erfolgreich	Personalver-antwortliche insgesamt	davon erfolgreich
Fall 1: Mann verhandelt aus Vollzeit-Position	328 (100%)	108 (32,9%)	168 (100%)	71 (42,3%)
Fall 2: Frau verhandelt aus Vollzeitposition	325 (100%)	92 (28,3%)	130 (100%)	42 (32,3%)
Fall 3: Mann verhandelt aus Teilzeitposition	7 (100%)	0 (0%)	1 (100%)	0 (0%)
Fall 4: Frau verhandelt aus Teilzeitposition	65 (100%)	12 (18,5%)	17 (100%)	3 (17,6%)

Personalverantwortung und Verhandlungserfolg

Auch hier haben wir ein eindeutiges Ergebnis: Personalverantwortliche sind erheblich erfolgreicher.

Mit der Leitungsspanne wächst tendenziell die Chance, zu den erfolgreichen Verhandlern zu gehören. Allerdings ist der Anteil erfolgreicher Führungskräfte mit nur 1 - 2 Mitarbeitern (35,3%) sogar etwas größer als der Anteil bei denen mit 3 - 9 Mitarbeitern (32,4%). Die mit Abstand erfolgreichste Gruppe ist diejenige mit einer Leitungsspanne von 10 und mehr zu führenden Personen: Hier beträgt der Anteil der erfolgreichen Verhandler 41,6%.

Differenziert man nach Geschlecht, haben auch hier die Männer in jeder Gruppe die Nase vorn. Der größte Abstand besteht in der Gruppe derjenigen mit mehr als 10 Mitarbeitern. Damit wird noch einmal unterstrichen, dass Frauen generell auch dann in Gehaltsverhandlungen schlechter abschneiden, wenn sie in gleichem Umfang Führungsverantwortung tragen wie ihre männlichen Kollegen.

Tab. 7: Führungsspanne und Verhandlungserfolg

	Personalverantwortliche	davon erfolgreich
Fall 1: Mann mit Führungsspanne 1 - 2 MA	24 (100%)	10 (41,7%)
Fall 2: Frau mit Führungsspanne 1 - 2 MA	44 (100%)	14 (31,8%)
Fall 3: Mann mit Führungsspanne 3 - 9 MA	52 (100%)	19 (36,5%)
Fall 4: Frau mit Führungsspanne 3 - 9 MA	56 (100%)	16 (28,6%)
Fall 5: Mann mit Führungsspanne 10 und mehr MA	91 (100%)	42 (46,2%)
Fall 6: Frau mit Führungsspanne 10 und mehr MA	46 (100%)	15 (32,6%)

7. Welche Einstellungen versprechen Verhandlungserfolg?

In Kap. III. haben wir uns bereits mit dem Teil der Verhandlungskompetenz beschäftigt, der durch das "Wollen", also durch die Einstellung und die Motivation der Handelnden, bestimmt wird. Wir haben die Einstellungen der Führungskräfte zum Thema Verhandeln dargestellt und verschiedene geschlechtstypische Unterschiede herausgearbeitet. Im Folgenden betrachten wir, welche Dispositionen im Zusammenhang mit dem erzielten Verhandlungserfolg stehen. Wir beziehen uns bei der Darstellung auf die berechneten Korrelationen nach Pearson.[3]

In der Gesamtgruppe lassen sich drei Variablen identifizieren, die in signifikantem Zusammenhang zum Verhandlungserfolg stehen:

1. Ich strebe immer eine Win-win-Situation an (r = 0,124**)
2. Ich habe immer einen "Plan B" in der Tasche (r = 0,117**)
3. Ich gehe nur in Verhandlungen mit der Überzeugung, dass ich erfolgreich sein werde (r = 0,096*)

---

[3] Die Berechnung des Pearsschen Korrelationskoeffizienten r ist bei diesen Variablen aufgrund deren Skalenniveaus vertretbar. Zwar handelt es sich bei der Batterie von Einstellungsfragen (vgl. den Fragebogen im Anhang) jeweils um Variablen mit ordinaler Skalierung. Da diese jedoch fünf-stufig angelegt sind, halten wir die Berechnung von "r" für vertretbar. ** bedeutet: signifikant auf einem Niveau von 0,01;* bedeutet: signifikant auf einem Niveau von 0,05.

Bei den Personalverantwortlichen sind es vier Einstellungsvariablen mit signifikantem Zusammenhang zum Verhandlungserfolg:

1. Ich habe immer einen "Plan B" in der Tasche ($r = 0{,}193**$)
2. Ich strebe immer eine Win-win-Situation an ($r = 0{,}181**$)
3. Ich gehe nur in Verhandlungen mit guten Erfolgschancen ($r = 0{,}149*$)
4. Es reizt mich, Gehalts- und Aufstiegsverhandlungen zu führen ($r = 0{,}137*$)

Wir können im Hinblick auf die Grundeinstellung zum Thema "Verhandlungsführung" also erstens festhalten, dass ein Verinnerlichen wesentlicher Grundsätze des Harvard-Konzeptes tatsächlich fördernd ist. Die Prinzipien, Win-win-Ergebnisse anzustreben sowie immer einen Plan B in der Tasche zu haben, stehen im Kontext dieses Ansatzes und weisen einen signifikanten positiven Zusammenhang zum Verhandlungserfolg auf!

Zweitens gibt es bei den Personalverantwortlichen einen Zusammenhang zwischen einer positiven "sportlichen" Einstellung ("es reizt mich, Gehalts- und Aufstiegsverhandlungen zu führen") und dem Verhandlungserfolg.

Als männliche Erfolgsfaktoren in der Gesamtgruppe können wir folgende Einstellungen identifizieren: Ablehnung oder Misserfolg fordern mich heraus ($r = 0{,}140*$) und "Ich habe immer einen Plan B in der Tasche" ($r = 0{,}134*$). In der Gruppe der männlichen Personalverantwortlichen bleibt nur der zweite Faktor mit signifikantem Zusammenhang stehen ($r = 0{,}199*$).

Der einzige weibliche Erfolgsfaktor in der Gesamtgruppe ist die Einstellung "Ich strebe immer eine Win-win-Situation an (r = 0,131*); bei weiblichen Personalverantwortlichen sind es zwei Faktoren: "Ich gehe in Verhandlungen mit der Überzeugung, dass ich erfolgreich sein werde" (r = 0,282**) und "Ich strebe immer eine Win-win-Situation an (r = 0,293**).

8. Welche Vorbereitung bringt Verhandlungserfolg?

In Bezug auf das Thema "Verhandlungsvorbereitung" hatten wir in Kap. III. schon festgestellt, dass dieses in der Literatur als der entscheidende Erfolgsfaktor angesehen wird. Gleichzeitig konnten wir zeigen, dass Gehalts- und Aufstiegsverhandlungen in der Praxis bei weitem nicht so gut vorbereitet werden, wie man aufgrund der unterstellten Wichtigkeit hätte erwarten können.

In diesem Kapitel wenden wir uns der Frage zu, inwieweit sich empirisch Zusammenhänge zwischen Verhandlungsvorbereitung und Verhandlungserfolg nachweisen lassen. Hierzu betrachten wir die einzelnen erfassten Vorbereitungselemente, die die von uns Befragten vor ihrer letzten Gehalts- und Aufstiegsverhandlung genutzt haben.

Entwicklung einer Verhandlungsstrategie

Unsere Ergebnisse sprechen auf den ersten Blick nicht dafür, dass das Entwickeln einer Verhandlungsstrategie ein wichtiger Erfolgsfaktor ist. Nur gut 30% aller Befragten haben als Vorbereitung für die Verhandlung eine Strategie entwickelt, der Anteil derjenigen, die mit einer vorbereiteten Strategie erfolgreich verhandelt haben, ist mit 31,3% nur geringfügig höher.

Allerdings ist dieses Gesamtergebnis nach Geschlecht betrachtet zu differenzieren. Bei den erfolgreichen Männern liegt der Anteil derjenigen, die strategisch vorgegangen sind, mit 34,9%, höher als bei den Männern insgesamt (29,7%), was für einen positiven Zusammenhang spricht.

Bei den befragten Frauen verhält es sich genau umgekehrt: Während 31,4% aller Frauen eine Strategie hatten, beträgt der Anteil bei den erfolgreichen Frauen nur 27,5%.

In der Gruppe der Personalverantwortlichen ist festzustellen, dass sowohl bei den Männern als auch bei den Frauen jeweils 40% derjenigen, die erfolgreich waren, angegeben hatten, eine Strategie entwickelt zu haben - ein erstaunlicher Gleichklang. Allerdings geht das Entwickeln einer Strategie sehr häufig nicht mit Verhandlungserfolg einher. Bei den nicht erfolgreichen männlichen Personalverantwortlichen hatten immerhin 30,5% eine Strategie entwickelt; bei den Frauen sind es sogar 42%.

Abb. 33: Strategie entwickelt

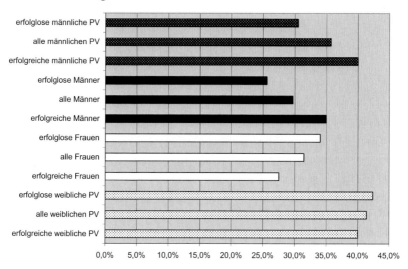

In Kap. III.7 hatten wir uns im Hinblick auf die Qualität der verwendeten "Verhandlungsstrategien" skeptisch geäußert. Zur Erinnerung: Von insgesamt 123 Beschreibungen der in der letzten Verhandlung genutzten Strategie erfüllten nur 28 die Kriterien der von uns der Auswertung zugrunde gelegten Strategie-Definition. Hiervon kamen 12 von Frauen und 16 von Männern.

Wertet man diese nach Erfolg aus, so zeigt sich ein erstaunliches Ergebnis: Nur die Hälfte derjenigen, die eine "echte" Strategie für die Gehalts- und Aufstiegsverhandlung entwickelt hatten, war auch erfolgreich, wobei sich der Erfolg ungleich auf die Geschlechter verteilt. Von den 16 Männern mit Strategie waren 12 erfolgreich und 4 nicht, während bei den Frauen nur 2 erfolgreich und 10 nicht erfolgreich waren!

Welche Strategien haben die erfolgreichen Verhandler verfolgt? Die nachfolgenden Beispiele geben einige Anregungen:

- "Optimales Ziel des Gesprächs für mich definiert und dementsprechend vorbereitet und agiert. D.h. für jeden der zu erwartenden Vorschläge bereits vorher definiert, was ich benötigen würde, um unter den genannten Rahmenbedingungen erfolgreich zu sein. Diese sofort angesprochen und noch während des Gesprächs Zusage eingeholt." (Mann)

- „Ich habe das Ziel und mehrere Zwischenziele definiert und unter Berücksichtigung der Persönlichkeit des Gesprächspartners Argumente entwickelt, die mich Schritt für Schritt zum Ziel bringen." (Frau)

- „Vor dem Gespräch: Erkundungen über Gehalt von „peer"- group und externen Bewerbern, Buy-in erarbeitet von Kollegen meines

Vorgesetzten, Einbindung des Chefs meines Vorgesetzten Gespräch selbst: (1) Darlegung eigener Leistungen und Erfolge (2) Bezug auf positive Äußerungen des Vorgesetzten in der Vergangenheit (3) Gehaltsvergleich mit „peer"-group und mit externen Bewerbern (4) Forderung höher gestellt als realistisch zu erwarten." (Mann)

- „(1) Erforderliche Leistungen für die Stelle benennen (2) aufzeigen, wie ich diese Leistungen aufgrund meiner Erfahrungen und Kenntnisse übererfülle (3) aufzeigen, welchen Wert ich für die Abteilung/den Chef in Zukunft habe/wie ich zur Zielerfüllung beitrage (4) meine Maximalforderung nennen und begründen." (Frau)
- Zielsetzung bezüglich der zukünftigen beruflichen Laufbahn definiert. Daraus die Zielsetzung für den nächsten Karriereschritt abgeleitet. Meinem Vorgesetzten dargelegt, warum ich mich aus meiner Sicht für die nächste Zielposition eigne." (Mann)

Dass ähnliche Strategien nicht immer Erfolg nach sich ziehen, zeigt das nachfolgende Beispiel einer nicht erfolgreichen Verhandlerin:

- Unter Berücksichtigung der Gesamtsituation habe ich mehrere Möglichkeiten überlegt für die Verhandlung und dann mit Hilfe von Freunden und Ratgebern die vermutlich beste Strategie darunter ausgewählt, um das Gehalt zu erhalten, das mir vorschwebte."

Diese Ergebnisse zu interpretieren fällt nicht leicht. Sind die "typisch weiblichen" Strategien der Frauen weniger Ziel führend als die der Männer? Oder versuchen Frauen, sich an das vermeintlich erfolgreichere männliche Modell (rationales, strategisches Vorgehen) anzupassen und scheitern dabei?

Recherche von Vergleichsgehältern

Wie sieht es mit dem Recherchieren von Vergleichsgehältern aus? Bei diesem höchst plausiblen und oft empfohlenen Element einer guten Vorbereitung können wir keinen signifikanten Unterschied zwischen erfolgreichen und nicht erfolgreichen Verhandlern entdecken. Hier liegt sogar der Anteil derjenigen, die diese Frage bejaht haben in der Gruppe der Erfolgreichen (36,5%) um einen Prozentpunkt niedriger als in der Gesamtgruppe (37,6%).

Die Betrachtung nach Personalverantwortung und nach Geschlecht bringt keine weiteren Erkenntnisse, so dass wir sagen können: Die Tatsache, ob jemand vor der Gehaltsverhandlung Vergleichsgehälter recherchiert oder nicht, hat auf das Verhandlungsergebnis keinen Einfluss.

Persönliche Vorbereitung (mental)

Ein weiteres überraschendes Ergebnis: Die ebenfalls oft empfohlene mentale Vorbereitung wirkt sich negativ auf den Verhandlungserfolg aus.

Der Anteil derjenigen, die sich mental vorbereitet haben, ist bei den erfolglosen Verhandlern deutlich größer als bei den erfolgreichen, wobei die Schere bei den Frauen noch deutlicher auseinander geht als bei den Männern. Während sich aus der Gesamtgruppe 67,8% aller Frauen mental vorbereiteten - bei den Frauen insgesamt das am häufigsten genannte Element ihrer Vorbereitung - sinkt dieser Anteil in der Gruppe der erfolgreichen Verhandlerinnen auf 57,8%. Bei den Männern zeigt sich der gleiche Trend, wobei die Differenz nicht ganz so groß ist.

Noch einmal auf den Punkt gebracht: Männer, die auf mentale Verhandlungsvorbereitung verzichten, gehören mit der größten Wahrscheinlichkeit in die Gruppe der erfolgreichen Verhandler; Frauen, die sich mental vorbereiten sind mit der größten Wahrscheinlichkeit zu den erfolglosen.

Abb. 34: Mentale Vorbereitung

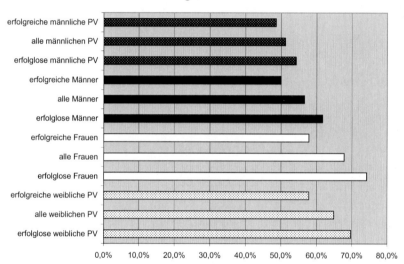

Beim Blick auf die Gruppe der Personalverantwortlichen zeigt sich kein anderes Ergebnis: Fast 70% aller nicht erfolgreichen weiblichen Personalverantwortlichen bereitet sich mental vor, aber nur 57,8% aller erfolgreichen. Die entsprechenden Werte für ihre männlichen Kollegen liegen mit 54,2% (nicht erfolgreich) und 48,6% (erfolgreich) deutlich näher beieinander.

Wie lassen sich diese Ergebnisse interpretieren? Denkbar wäre, dass diejenigen mit "schlechten Karten" für die Verhandlung - aus welchen

Gründen auch immer - versuchen, diesen Umstand durch mentale Vorbereitung zu kompensieren und damit nicht besonders erfolgreich sind. Eine andere plausible Erklärung ist, dass mentale Vorbereitung zum Teil kontraproduktiv ist: Machen sich vielleicht gerade Frauen vor der Gehaltsverhandlung - salopp formuliert - "verrückt" anstatt das Ganze ruhig, gelassen und sportlich anzugehen? Vielleicht ist aber auch "mentale Vorbereitung" gleich zu setzen mit "gar keine Vorbereitung" - nach dem Motto: vor der Verhandlung habe ich mir diese mal kurz durch den Kopf gehen lassen?

Vorbereitung auf den Gesprächspartner

Ein Kernelement der Verhandlungsvorbereitung, dem auch im Kontext des Harvard-Konzeptes ein hoher Stellenwert eingeräumt wird, ist die Vorbereitung auf den Verhandlungspartner.

Aber auch in diesem Punkt können wir in der Gesamtgruppe keinen Zusammenhang mit dem erzielten Verhandlungserfolg nachweisen. Von allen Befragten haben sich 39,6% auf den jeweiligen Verhandlungspartner vorbereitet, von allen Erfolgreichen waren es 40,4%.

Allerdings erkennen wir hier einen geschlechtstypischen Erfolgsfaktor bei den Männern. Die Gruppe derjenigen, die sich auf den Gesprächspartner vorbereitet haben, ist bei den erfolglosen Männern mit 27,8% deutlich kleiner als bei den erfolgreichen Männern mit 41,5%!

Bei den befragten Frauen verhält es sich gerade umgekehrt, wobei die Unterschiede weniger deutlich ausfallen: Der Anteil der erfolgreichen Frauen, die sich entsprechend vorbereitet haben, liegt mit 39,2% unter dem der erfolglosen mit 42,1%.

Anders formuliert: Frauen, die sich auf ihren Verhandlungspartner vorbereiten, sind mit einer etwas größeren Wahrscheinlichkeit bei der Gehaltsverhandlung nicht erfolgreich; Männer, die diese Vorbereitungsart nutzen, haben einen Vorteil davon.

Abb. 35: Vorbereitung auf den Gesprächspartner

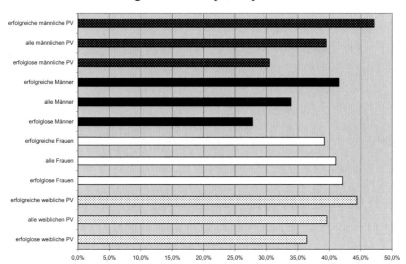

Der Blick auf die Personalverantwortlichen verstärkt das Bild auf der männlichen Seite, während es sich bei den Frauen komplett dreht. 47,1% der erfolgreichen männlichen Personalverantwortlichen hatten sich auf den Verhandlungspartner vorbereitet, aber nur 30,5% der nicht erfolgreichen. Bei den Frauen waren es 44,4% der erfolgreichen und 36,4% der nicht erfolgreichen, so dass wir für diese Gruppe auch einen weiblichen Erfolgsfaktor vorliegen haben.

Wie lassen sich diese Ergebnisse interpretieren und welche Schlussfolgerungen für Gehalts- und Aufstiegsverhandlungen können wir ableiten?

Während man Männern aufgrund dieser Ergebnisse den einfachen Rat geben kann, sich bei künftigen Gehaltsverhandlungen besser auf ihre jeweiligen Gegenüber vorzubereiten, fällt die Erklärung der Ergebnisse und das Ableiten von Handlungsempfehlungen für Frauen deutlich schwerer.

Stehen sich die Frauen mit einer ausgeprägten Empathie möglicherweise selbst im Wege? Oder haben sie es einfach schwerer, sich in die Gegenseite einzufühlen, da diese - wie wir gezeigt haben - in aller Regel männlichen Geschlechts ist? Dass sich die "Vorbereitung auf den Gesprächspartner" bei den Personalverantwortlichen relativ günstiger auf das Verhandlungsergebnis auswirkt als bei allen befragten Frauen, deutet wieder auf einen Lernprozess hin, den Frauen mit der Übernahme von Führungsverantwortung durchlaufen.

Festlegen einer Mindestforderung

Ein weiteres Moment einer Verhandlungsvorbereitung ist das Festlegen einer Mindestforderung. Hier sehen wir wiederum grundsätzlich keinen Vorsprung derjenigen, die diese Frage bejaht haben und ebenso wenig geschlechtstypische Besonderheiten.

Unser üblicher Vergleich mit den Personalverantwortlichen ergibt: Für die Männer verändert sich die für die Gesamtgruppe getroffene Aussage nicht; bei den Frauen zeigt sich, dass das Festlegen einer Mindestforderung relativ häufiger sogar mit Misserfolg einhergeht.

Erfolgreiche Verhandlerinnen hatten zu 26,7% eine Mindestforderung festgelegt, nicht erfolgreiche zu 33,3%.

Ein Erklärungsansatz ist, dass Frauen mit einer im Vorfeld festgelegten Mindestforderung in der Verhandlung weniger flexibel agieren und sich schwer tun, sich auf sonstige Handlungsoptionen einzulassen.

Entwicklung zusätzlicher Optionen

Im Rahmen des Harvard-Konzeptes wird besonders großer Wert darauf gelegt, dass vor der Entscheidung in einer Verhandlung verschiedene Wahlmöglichkeiten in Betracht gezogen werden. Hierbei fällt den beteiligten Verhandlungspartnern die Aufgabe zu, im Rahmen ihrer eigenen Verhandlungsvorbereitung möglichst viele Handlungsoptionen zu finden bzw. zu entwickeln. Daher haben wir gefragt, inwieweit die Entwicklung zusätzlicher Optionen bei der Vorbereitung der anstehenden Gehalts- und Aufstiegsverhandlung eine Rolle gespielt hat.

Auch hinsichtlich dieser Vorbereitungsart lässt sich generell kein Zusammenhang zum Verhandlungserfolg nachweisen. Zusätzliche Optionen haben in der Gesamtgruppe 22,6% festgelegt, in der Gruppe der Erfolgreichen 24%.

Allerdings sehen wir hier ein Differenzierungskriterium zwischen den erfolgreichen und den erfolglosen Männern: Erstere nutzten die Entwicklung zusätzlicher Optionen zu 29,2%, letztere nur zu 20,3%.

Abb. 36: Zusätzliche Optionen festgelegt

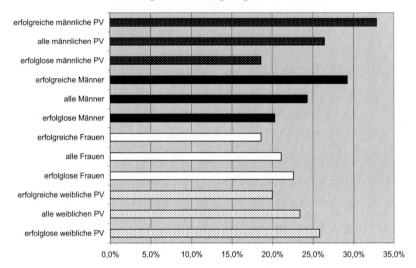

Noch deutlicher zeigt sich der Zusammenhang bei den Personalverantwortlichen: 32,9% aller Männer, die diese Vorbereitungsweise nutzten, gehören zu den erfolgreichen Verhandlern, 18,6% zu den nicht erfolgreichen. Bei den Frauen erkennen wir wiederum eher den umgekehrten Effekt.

Entwicklung eines Alternativplans

Dieses Vorbereitungselement basiert ebenfalls - wie die Entwicklung zusätzlicher Optionen - auf dem Grundsatz, dass man sich bei der Vorbereitung einer Verhandlung am besten möglichst flexibel aufstellt und auch einen Plan B entwickelt, z.B. die "Best Alternative to Negotiation Agreement" (BATNA).

BOX IV.2

Die Entwicklung der BATNA ist im Rahmen des Harvard-Konzepts essentiell, insbesondere dann, wenn die Gegenseite stärker ist. Die Idee ist, dass man ja deshalb über etwas verhandelt, um sich besser als vorher zu stellen. Indem man nun ermittelt, welche "Beste Alternative zur Verhandlungsübereinkunft" man hat, kann man feststellen, wie vorteilhaft ein bestimmtes Abkommen ist.

Die BATNA ist das einzige Kriterium, das sowohl vor der Annahme zu ungünstiger Bedingungen als auch vor der Ablehnung von Vereinbarungen, die den eigenen Interessen gedient hätten, schützt (vgl. Fisher/Ury/Patton 2002, S. 147).

Es überrascht daher nicht, dass die Auswertung zu diesem Kriterium vergleichbare Ergebnisse liefert wie die Frage nach den zusätzlichen Optionen: Insgesamt erkennen wir einen leichten positiven Zusammenhang zwischen der Entwicklung eines Alternativplans und dem Verhandlungserfolg: Die Erfolgreichen bereiteten sich zu 23,1% relativ häufiger auf diese Weise vor als die nicht Erfolgreichen (18,5%), wobei sich auch hier die Differenzierung bei den Männern deutlicher zeigt als bei den Frauen.

Abb. 37: Alternativplan entwickelt

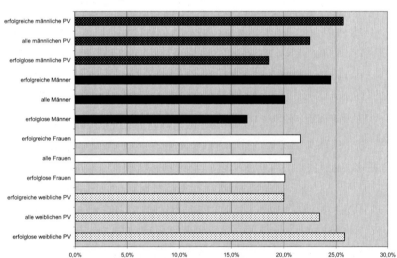

Bei den Personalverantwortlichen verschwindet diese Tendenz, wenn man Männer und Frauen betrachtet, was allerdings durch gegenläufige Ergebnisse bei den Geschlechtern zustande kommt: Männer, die sich durch Entwicklung eines Alternativplans auf die Verhandlung vorbereiten, waren zu 25,7% erfolgreich und zu 18,6% nicht erfolgreich.

Bei den Frauen sieht es umgekehrt aus: Mit Alternativplan waren 20,0% von ihnen erfolgreich und 25,8% nicht erfolgreich.

Auflistung eigener Leistungen

Eigene Leistungen aufzulisten, damit beschäftigen sich wiederum deutlich häufiger diejenigen, die nach unserer Definition als erfolglose Verhandler einzustufen sind.

Der Effekt, dass das Auflisten der eigenen Leistungen als Misserfolgsfaktor angesehen werden kann, zeigt sich bei beiden Geschlechtern; der Unterschied besteht nur darin, dass dies von Frauen generell öfter zu ihrer Verhandlungsvorbereitung eingesetzt wird. In der Gesamtschau kann man erkennen: Von denen, die sich durch das Auflisten eigener Leistungen auf die Verhandlung vorbereiteten, ist die Gruppe der erfolgreichen Männer am kleinsten, die der erfolglosen Frauen am größten.

Abb. 38: Eigene Leistungen aufgelistet

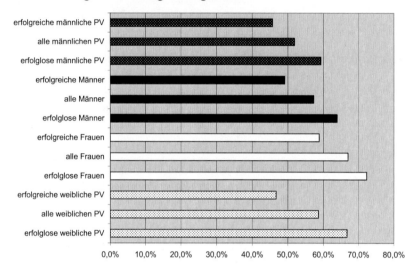

In der Gruppe der Personalverantwortlichen ist festzustellen, dass das Auflisten der eigenen Leistungen im Vergleich zur Gesamtgruppe insgesamt eine etwas geringere Rolle spielt und sich gleichzeitig die Ergebnisse von männlichen und weiblichen Führungskräften tendenziell annähern.

Wir deuten dieses Ergebnis so, dass die Konzentration auf die eigenen Leistungen (ich-bezogene Verhandlungsstrategie) für den Verhandlungserfolg nicht ausreicht. Möglicherweise geht sie mit der Vernachlässigung anderer - und wichtigerer - Faktoren (kontext-bezogene Verhandlungsstrategie) einher.

Ermittlung des externen Marktwertes

Ein nur schwach positiver Zusammenhang existiert in der Gesamtgruppe zwischen der Vorbereitung durch das externe Ermitteln des eigenen Marktwertes und dem Verhandlungserfolg, wobei sich dieser fast ausschließlich auf das Verhalten der Männer zurückführen lässt: Erfolgreiche Männer ermittelten zu 30,2% ihren Marktwert, nicht erfolgreiche zu 24,1%. Bei den Frauen, die sich insgesamt seltener auf diesem Weg auf ihre Gehalts- und Aufstiegsverhandlung vorbereiteten, liegen die Anteile der erfolgreichen und nicht erfolgreichen fast gleichauf.

Abb. 39: Extern den eigenen Marktwert ermittelt

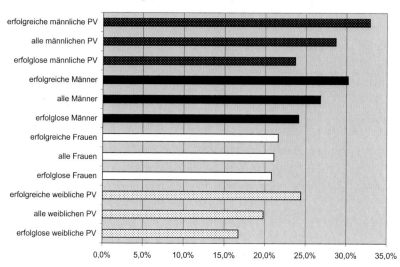

Bei den Personalverantwortlichen tritt der positive Zusammenhang deutlicher hervor. Er zeigt sich in dieser Subgruppe für beide Geschlechter: 32,9% der erfolgreichen, aber nur 23,7% der nicht erfolgreichen Männer und 24,4% der erfolgreichen sowie 16,7% der nicht erfolgreichen Frauen haben zur Vorbereitung ihrer letzten Gehaltsverhandlung extern ihren Marktwert ermittelt.

Schriftliche Vorbereitung

Die schriftliche Vorbereitung der Gehalts- und Aufstiegsverhandlung scheint eher für Männer Erfolg versprechend zu sein, denn erfolgreiche Männer verwenden diese Art sich vorzubereiten relativ häufiger (36,8%) als ihre nicht erfolgreichen Kollegen (31,6%). Bei den Frauen zeigt sich wieder genau das umgekehrte Bild: Ein deutlich größerer Anteil der in der letzten Gehaltsverhandlung erfolglosen Frauen (43,4%) als der erfolgreichen Frauen (32,4%) bereitet diese schriftlich vor.

Abb. 40: Schriftliche Vorbereitung

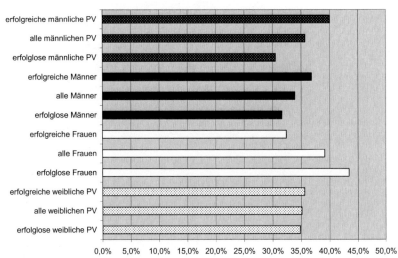

Dass eine schriftliche Vorbereitung vor allem den Männern zu nutzen scheint, tritt in der Subgruppe "Personalverantwortliche" noch deutlicher hervor. Der entsprechende Anteil liegt bei den erfolgreichen männlichen Personalverantwortlichen mit 40,0% fast zehn Prozentpunkte über dem Anteil der nicht erfolgreichen (30,5%). Bei den weiblichen Personalverantwortlichen nähern sich die Anteile der Erfolgreichen (35,6%) bzw. nicht Erfolgreichen (34,8%), die die schriftliche Vorbereitung verwendet haben, an.

Coaching

Coaching spielt sowohl in der Gesamtgruppe als auch bei den Personalverantwortlichen für die Vorbereitung von Gehalts- und Aufstiegsverhandlungen mit durchgängig unter 10% nur eine untergeordnete Rolle. Auch hat der Rückgriff auf einen Coach keinen besonderen Einfluss auf das Verhandlungsergebnis.

Sammeln von Argumenten

Vor einer Gehalts- und Aufstiegsverhandlung ist das Sammeln von Argumenten besonders nahe liegend. Hier lässt sich allerdings im Hinblick auf den Zusammenhang mit dem Erfolg nur zeigen, dass der Anteil der erfolglosen Frauen, die sich durch das Sammeln von Argumenten auf die Verhandlung vorbereitet haben, mit 61,0% über dem entsprechenden Anteil erfolgreicher Frauen (52,0%) liegt.

Die ergänzende Betrachtung der Personalverantwortlichen ergibt keine anderen Erkenntnisse.

Üben des Gesprächs

Rollenspiele werden in Verhandlungstrainings als besonders effektive Methode eingesetzt, um die eigene Gesprächsführung zu optimieren. Zur Vorbereitung der Gehalts- und Aufstiegsverhandlung nutzen sie die Befragten selten. Ein positiver Zusammenhang zum Verhandlungserfolg ist nur bei den Männern sichtbar. Der Anteil derjenigen, die das Gespräch geübt hatten und erfolgreich waren, ist mit 11,3% mehr als doppelt so groß wie der Anteil der nicht Erfolgreichen (5,3%). Frauen verwenden diese Art der Vorbereitung insgesamt häufiger und sind tendenziell erfolgreicher, wenn sie das Gespräch nicht vorher üben.

Abb. 41: Gespräch geübt

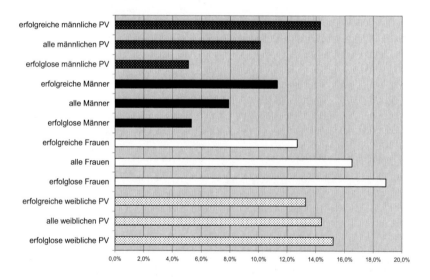

In der Gruppe der Personalverantwortlichen liegt der Anteil der erfolgreichen männlichen Verhandler, die das Gespräch übten, mit 14,3% fast dreimal so hoch wie der entsprechende Anteil der nicht erfolgreichen mit 5,1%. Bei den Frauen verändert sich das Bild im Vergleich zur Gesamtgruppe kaum.

Nachlesen, z.B. Ratgeberliteratur

Das Nachlesen, z.B. einschlägiger Ratgeberliteratur, ist wenig verbreitet. Ein Zusammenhang zum Verhandlungserfolg wird weder in der Gesamtgruppe noch in der Gruppe der Personalverantwortlichen sichtbar.

9. Welche emotionale Ausgangslage verspricht Verhandlungserfolg?

Mit welchen Gefühlen gehen erfolgreiche Menschen in Gehaltsverhandlungen? Dies lässt sich anhand unserer Ergebnisse gut beschreiben.

Erfolgsgewiss

Der stärkste positive Einfluss geht von dem Gefühl der Erfolgsgewissheit aus: 82,5% aller erfolgreichen Verhandler gingen erfolgsgewiss in die Gehaltsverhandlung im Vergleich zu 53,2% aller nicht erfolgreichen.

Abb. 42: Vor der Verhandlung: Erfolgsgewiss

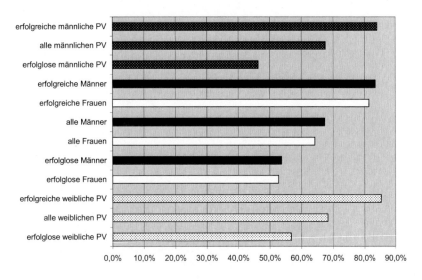

Verblüffend finden wir, dass mehr als die Hälfte der befragten Personen, die wir als "nicht erfolgreich" klassifiziert haben, trotzdem angab, "eher mehr" oder "voll und ganz" erfolgsgewiss in die Verhandlung gegangen zu sein (Männer 53,7%, Frauen: 52,7%).

Gut vorbereitet

Gut auf die Gehaltsverhandlung vorbereitet fühlte sich die ganz überwiegende Mehrheit der Befragten, was - um dies noch einmal ganz deutlich zu sagen - im Gegensatz zu unserer Einschätzung steht. Diese Diskrepanz weist auf fehlende Fähigkeit zur Selbsteinschätzung und Selbstkritik der Führungskräfte hin.

Diejenigen, die erfolgreich waren, fühlten sich allerdings noch häufiger gut vorbereitet (91,0%) als diejenigen, die nicht erfolgreich (84,8%) waren.

Abb. 43: Vor der Verhandlung: Gut vorbereitet

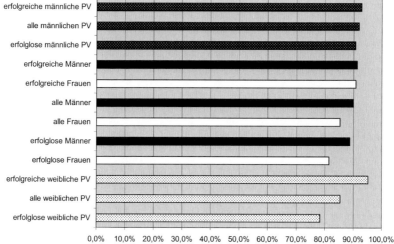

Betrachtet man demgegenüber den Zusammenhang zwischen dem Empfinden, nicht ausreichend vorbereitet gewesen zu sein, und dem Geschlecht, zeigt sich dieser vor allem bei weiblichen Führungskräften. Von den Frauen, die sich „nicht gut vorbereitet" fühlten, waren 9,2% dann doch erfolgreich, während ein mehr als doppelt so großer Anteil (18,6%) erfolglos blieb. Bei den Männern ist dieser Zusammenhang weniger stark ausgeprägt (Erfolgreiche: 8,7% / Erfolglose: 11,3%).

Bei den Personalverantwortlichen wird dieser geschlechtsbezogene Unterschied noch deutlicher: 21,7% der nicht erfolgreichen Frauen fühlte sich nicht gut auf das Verhandlungsgespräch vorbereitet, aber nur 4,8% der erfolgreichen. Bei den Männern liegen die entsprechenden Anteile mit 9,3% (nicht erfolgreiche) und 7,2% (erfolgreiche) dagegen sehr nah beieinander.

Wir stellen fest, dass Frauen nicht nur ihren Erfolg darauf zurückführen, dass sie die Gehalts- und Aufstiegsverhandlung gut vorbereitet hatten (vgl. Kap. IV.2), sondern sich auch (bei Misserfolg) wesentlich öfter nicht gut vorbereitet fühlten. Gleichzeitig haben wir gezeigt, dass gründliche Vorbereitung bei ihnen nicht unbedingt ein Erfolgsfaktor ist (vgl. Kap. IV.8).

Ruhig und gelassen

Männer gehen häufiger ruhig und gelassen in eine Gehalts- und Aufstiegsverhandlung. Diese Grundstimmung hat einen positiven Einfluss auf das Verhandlungsergebnis. Von allen erfolgreichen Verhandlern waren 73,5% vor dem Gespräch ruhig und gelassen, von den nicht erfolgreichen nur 62,4%.

Dieses Kriterium wirkt innerhalb der Gruppe der männlichen Befragten besonders differenzierend. Erfolgreiche Männer waren deutlich häufiger ruhig und gelassen (81,4%) als nicht erfolgreiche (68,9%), wobei deren Anteil immer noch größer ist als der der erfolgreichen Frauen, die nur zu 64,9% mit diesem Gefühl in die Verhandlung gegangen sind.

Plausibel ist demnach die These, dass wir hier einen geschlechtstypischen Vorteil auf Seiten der Männer identifiziert haben.

Abb. 44: Vor der Verhandlung: Ruhig und gelassen

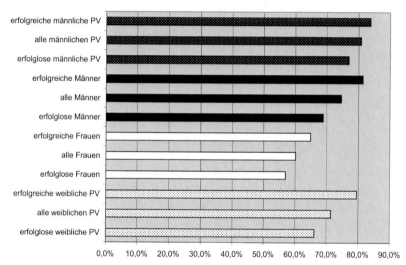

Bei den Personalverantwortlichen zeigt sich, dass mit der Übernahme von Führungsverantwortung Ruhe und Gelassenheit vor einer Gehalts- und Aufstiegsverhandlung zunehmen. Bei den Männern steigt der Anteil derjenigen, die ruhig und gelassen waren, auf 80,8%, bei den Frauen auf 71,4%. Gleichzeitig sieht man in dieser Subgruppe, dass sich die Anteile erfolgreicher und erfolgloser Männer annähern (erfolgreiche 83,8%, nicht erfolgreiche 76,9%), während die Differenz bei den Frauen größer wird (erfolgreiche 79,5%, nicht erfolgreiche 66,1%).

Nervös

Ein stark negativer Zusammenhang zum Verhandlungserfolg besteht, wenn man vor dem Gespräch nervös war. Dies gaben 25,5% der erfolgreichen und 35,1% der nicht erfolgreichen Verhandler an, wobei Frauen sehr viel öfter nervös in die Verhandlung gehen als Männer.

Innerhalb der Gruppen der Männer und Frauen wirkt sich Nervosität - auf unterschiedlichem Niveau - in vergleichbarer Größenordnung auf den Erfolg aus.

Abb. 45: Vor der Verhandlung: Nervös

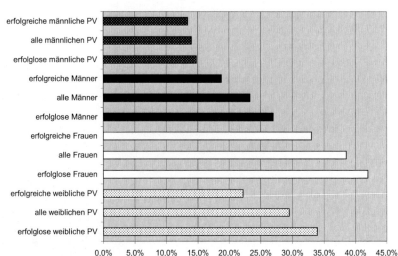

Werfen wir den vergleichenden Blick auf die Personalverantwortlichen, können wir feststellen, dass vor allem nicht erfolgreiche Verhandlerinnen nervös waren (33,9% im Vergleich zu 22,2% bei den erfolgreichen). Männer haben in dieser Gruppe nur sehr selten mit Nervosität zu kämpfen, egal ob sie in dem Gespräch dann erfolgreich (13,4%) sind oder nicht (14,8%).

Zusammenfassend können wir als Ergebnis formulieren, dass die nervöse Grundstimmung der Frauen vor der Verhandlung ihren Verhandlungserfolg negativ beeinflusst!

Unsicher

Noch stärker negativ ist unseres Erachtens das Gefühl der Unsicherheit einzuschätzen. Auch von dieser Emotion waren mit 23,3% häufiger die nicht erfolgreichen Verhandler betroffen als die erfolgreichen mit 13,5%.

Die Gegenüberstellung der Erfolgreichen und nicht Erfolgreichen innerhalb eines Geschlechts macht deutlich, dass die Differenz bei den Frauen kleiner ausfällt als bei den Männern. Mit anderen Worten: Frauen sind häufiger auch dann zu Beginn der Verhandlung unsicher, wenn sie aus dieser erfolgreich hervorgehen werden.

Abb. 46: Vor der Verhandlung: Unsicher

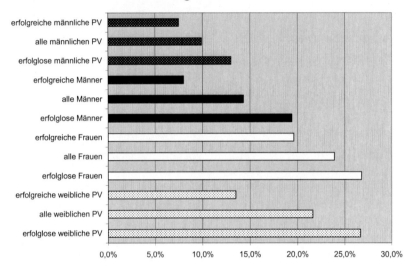

Interessant ist hier der Vergleich mit der Gruppe der Personalverantwortlichen. Der Anteil derjenigen, die vor der Gehaltsverhandlung unsicher waren, ist bei den erfolgreichen Männern mit 7,5% vernachlässigbar und bei den nicht erfolgreichen mit 13,0% klein. Bei den Frauen hingegen liegt der Anteil derjenigen, die vor der Verhandlung unsicher und in der Verhandlung erfolgreich waren, immer noch bei 13,5% und der Anteil der erfolglosen Verhandlerinnen, die mit Unsicherheit in das Gespräch gegangen sind, ist mit 26,7% relativ groß.

Wir gehen demnach davon aus, dass eine Verbesserung des Selbstbewusstseins bei Frauen deren Erfolg in Gehalts- und Aufstiegsverhandlungen steigern könnte.

10. Das Verhandlungsgespräch - ein Schlüssel zum Erfolg!

Mit der Beschreibung charakteristischer Merkmale des Verhandlungsgesprächs und der Betrachtung der Zusammenhänge zum Verhandlungserfolg, kommen wir zu unserem letzten Bündel von Einflusskriterien und gleichzeitig zu den Faktoren, für die die deutlichsten Zusammenhänge zwischen den betrachteten Variablen und dem Verhandlungserfolg festzustellen sind.

Um das Ergebnis zusammenfassend vorwegzunehmen: Bei jedem einzelnen von uns erfragten Kriterium ist ein signifikant positiver Zusammenhang vorhanden![4] Wir stellen die einzelnen Merkmale des Verhandlungsgesprächs nach der Stärke des Zusammenhangs zunächst im Überblick dar:

1. Meine Fragen wurden beantwortet (r = 0,276**)

2. Ich hatte Einfluss auf den Gesprächsverlauf (r = 0,263**)

3. Mir wurde zugehört (r = 0,262**)

4. Die Redeanteile waren ausgeglichen (r = 0,224**)

5. Ich konnte die Inhalte des Gesprächs bestimmen (r = 0,209**)

6. Ich konnte alle Fragen stellen (r = 0,208**)

7. Ich konnte meine Argumente darlegen (r = 0,187**)

8. Ich konnte alle Fragen beantworten (r = 0,154**)

---

[4] Die Berechnung des Pearsschen Korrelationskoeffizienten r ist bei diesen Variablen aufgrund deren Skalenniveaus nicht ganz unproblematisch, da es sich bei den Fragen zur Gesprächsführung (vgl. den Fragebogen im Anhang) um vier-stufig angelegte ordinale Variablen handelt. ** bedeutet: signifikant auf einem Niveau von 0,01;* bedeutet: signifikant auf einem Niveau von 0,05.

Meine Fragen wurden beantwortet

Der insgesamt stärkste Einfluss auf den Verhandlungserfolg geht davon aus, dass die eigenen Fragen vom Vorgesetzten beantwortet wurden. 80,8% der erfolgreichen Verhandler waren dieser Ansicht, aber nur 55,0% aller nicht erfolgreichen.

Nach Geschlecht betrachtet zeigt sich, dass die Diskrepanz zwischen den erfolgreichen und den erfolglosen Frauen noch stärker ausgeprägt ist als zwischen den erfolgreichen und den erfolglosen Männern.

Abb. 47: Meine Fragen wurden beantwortet

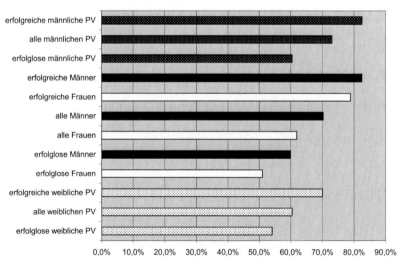

Diese Ergebnisse gelten grundsätzlich auch für Personalverantwortliche. Allerdings zeigt sich bei den Frauen eine Verschiebung dahingehend, dass der Anteil derjenigen, deren Fragen beantwortet wurden und die in der Verhandlung erfolgreich waren, im Vergleich zum entsprechenden Anteil in der Gesamtgruppe sinkt.

Ich konnte alle Fragen stellen

Um Antworten zu bekommen, muss man zunächst die Gelegenheit haben, die eigenen Fragen loszuwerden. Auch bei diesem Gesprächsmerkmal zeigen sich erhebliche Unterschiede zwischen Erfolgreichen und nicht Erfolgreichen, jedoch gibt es - zumindest in der Gesamtgruppe - keine geschlechtstypischen Besonderheiten.

In der Gruppe der Personalverantwortlichen differenziert dieses Kriterium noch deutlicher zwischen erfolgreichen und erfolglosen Männern als zwischen erfolgreichen und erfolglosen Frauen. "Gar nicht" oder "eher weniger" Gelegenheit alle Fragen zu stellen hatten 35,8% der nicht erfolgreichen Männer, aber nur 11,6% ihrer erfolgreichen Geschlechtsgenossen. Bei den Frauen liegen die Anteile der nicht erfolgreichen (27,4%) und der erfolgreichen (20,0%) wesentlich näher beieinander.

Ich konnte alle Fragen beantworten

Ob man Fragen beantworten kann, ist im Hinblick auf die Gesprächssteuerung passiver Natur und impliziert einen eher schwachen Einfluss auf den Gesprächsverlauf. Dennoch zeigt sich auch bei diesem Merkmal ein positiver Zusammenhang zum Erfolg - allerdings der schwächste unter allen auf den Verhandlungsverlauf bezogenen. Dieses Kriterium differenziert am relativ stärksten zwischen den erfolgreichen und den nicht erfolgreichen Frauen, wobei der Abstand nicht sehr bedeutend ist.

Der Blick auf die Personalverantwortlichen bringt keine neuen Erkenntnisse.

Ich hatte Einfluss auf den Gesprächsverlauf

Den zweitstärksten Zusammenhang errechneten wir zwischen Verhandlungserfolg und dem Einfluss, den die Befragten auf den Gesprächsverlauf nehmen konnten. Von allen Erfolgreichen stimmten 86,4% der Aussage "Ich hatte Einfluss auf den Gesprächsverlauf" eher mehr oder voll und ganz zu. Bei den nicht erfolgreichen war dies nur bei 64,3% aller Befragten der Fall. Interessant ist weiterhin, dass diese Diskrepanz in der Gesamtgruppe bei den Männern noch ausgeprägter ist als bei den Frauen.

Abb. 48: Ich hatte Einfluss auf den Gesprächsverlauf

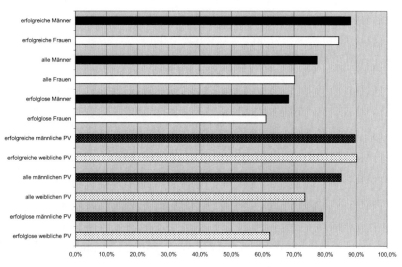

Konzentriert man sich auf die Personalverantwortlichen, fällt auf, dass ein bemerkenswert hoher Anteil (37,7%) der nicht erfolgreichen Frauen und ein sehr kleiner Anteil (9,8%) der erfolgreichen angibt, bestenfalls geringen Einfluss auf den Gesprächsverlauf gehabt zu haben. Bei den Männern ist der Anteil bei den erfolglosen Verhandlern mit 20,8% hingegen nur etwa halb so groß und bei den Erfolgreichen etwa gleich groß (10,3%) im Vergleich zu den Frauen.

Auch hier drängt sich der Eindruck auf, dass Männer mit zunehmender Erfahrung (Übernahme von Personalverantwortung) ihre Kompetenzen - hier Gesprächsführung - "für die eigene Sache" besser, d.h. Ziel führender einsetzen als Frauen.

Ich konnte die Inhalte des Gesprächs bestimmen

Ob man die Inhalte des Verhandlungsgesprächs gestalten kann, ist als stärkere Ausprägung des gerade diskutierten Kriteriums "Ich hatte Einfluss auf den Gesprächsverlauf" einzustufen.

Auf dieses Weise charakterisierten am häufigsten die erfolgreichen Männer mit 74,5% ihre zuletzt geführte Gehalts- und Aufstiegsverhandlung, am seltensten die erfolglosen Frauen mit 56,1%. Die Betrachtung nach Geschlecht zeigt, dass der Abstand zwischen den jeweils erfolgreichen und erfolglosen Männern bzw. Frauen die gleiche Größenordnung hat.

Abb. 49: Ich konnte die Inhalte des Gesprächs bestimmen

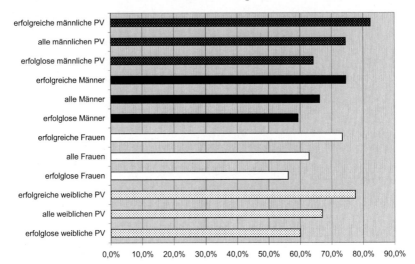

Bei den Personalverantwortlichen ist der Einfluss auf die Gesprächsinhalte insgesamt größer. Die Analyse nach Geschlecht bestätigt die Verhältnisse in der Gesamtgruppe.

Die Redeanteile waren ausgeglichen

Auch hier besteht ein signifikanter Zusammenhang zum Verhandlungserfolg. Während 85,4% aller erfolgreichen Verhandler dies bejahten, lag der Anteil bei den erfolglosen nur bei 63,8%.

Interessant ist, dass dieser Zusammenhang bei den weiblichen Befragten besonders deutlich zu erkennen ist, wie Abb. 50 sehr gut veranschaulicht.

Abb. 50: Die Redeanteile waren ausgeglichen

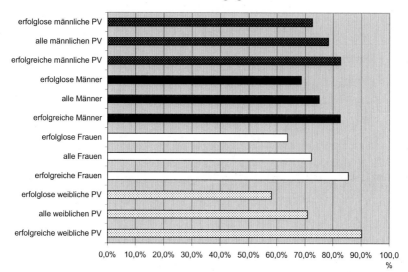

Bei den Personalverantwortlichen sticht dieses geschlechtstypische Ergebnis noch einmal besonders deutlich hervor. Von den nicht erfolgreichen Frauen gaben 41,9% an, dass die Redeanteile "gar nicht" oder "eher weniger" ausgeglichen waren, aber nur 9,8% ihrer erfolgreichen Geschlechtsgenossinnen. Bei den Männern liegen die entsprechenden Anteile im Vergleich dazu nur um ca. zehn Prozentpunkte auseinander (erfolgreiche: 17,4%, erfolglose: 27,5%).

Unser Fazit: Frauen, die es schaffen, sich den "floor" zu erobern, also ausreichend zu Wort kommen, haben einen Vorteil in der Gehalts- und Aufstiegsverhandlung!

Ich konnte meine Argumente darlegen

Der zweitschwächste Einflussfaktor ist das Moment, ob jemand alle Argumente darlegen konnte. Auch hier wirkt das Kriterium innerhalb der Gruppe der Männer und der Frauen in ähnlichem Umfang differenzierend zwischen erfolgreichen und erfolglosen Personen, so dass es sich für männliche und weibliche Führungskräfte in gleicher Weise um einen Erfolgsfaktor handelt.

In der Gruppe der Personalverantwortlichen gibt es unter den erfolgreichen Verhandlern (n = 110) nur eine Person (eine Frau), die angibt, dass sie die eigenen Argumente "gar nicht oder "eher weniger" darlegen konnte. Bei den nicht Erfolgreichen beträgt dieser Anteil immerhin 15%, wobei sich die Anteile der Männer (17,3%) und der Frauen (13,1%) nicht groß unterscheiden.

Mir wurde zugehört

Deutlich wichtiger ist, ob der Vorgesetzte auch zugehört hat. Hier ist der Zusammenhang ähnlich stark wie beim Einfluss auf den Gesprächsverlauf. 93,5% aller erfolgreichen Verhandler gehen davon aus, aber nur 75,6% der nicht Erfolgreichen, wobei die Ergebnisse von Männern und Frauen auch hier vergleichbar sind.

Abb. 51: Mir wurde zugehört

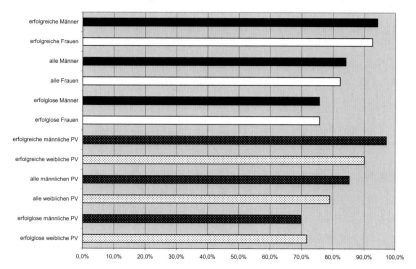

Die nach Geschlecht differenzierte Betrachtung der Personalverantwortlichen zeigt: Den nicht erfolgreichen männlichen Führungskräften wurde vergleichsweise sehr viel häufiger nicht zugehört (30,2%) als den erfolgreichen (2,9%). Auch bei den Frauen liegen die Anteile weit, aber nicht ganz so weit auseinander wie bei den Männern (erfolgreiche: 10,0%, erfolglose: 28,3%).

Fazit

Gesprächsführung ist ein Schlüssel zum Erfolg in Gehalts- und Aufstiegsverhandlungen, wobei es männlichen Führungskräften besser gelingt, Einfluss zu nehmen. Insoweit können wir die Ergebnisse bisheriger Forschung bestätigen.

11. Die Erfolgsmodelle

Bisher haben wir in diesem Kapitel dargestellt, welche Zusammenhänge sich zwischen einzelnen Merkmalen der Verhandlungsführung und dem erzielten Ergebnis in der zuletzt geführten Gehaltsverhandlung nachweisen lassen. In der Sprache der Statistik ausgedrückt: Wir haben bivariate Zusammenhänge zwischen dem Verhandlungserfolg (abhängige Variable) und verschiedenen (unabhängigen) Variablen dargestellt. Da man regelmäßig davon ausgehen muss, dass sich die als unabhängig angenommenen Variablen untereinander in ihrer Wirkung auf die abhängige Variable ebenfalls beeinflussen können, verwendet man in der empirischen Sozialforschung auch multivariate Analyseverfahren, bei denen diese wechselseitige Wirkung kontrolliert werden kann.

Das Verfahren, mit dem wir gearbeitet haben, ist die "Logistische Regression" (Logit-Modell), da dieses auch die Einbeziehung nichtmetrischer Variablen in das Modell ermöglicht (siehe Box IV.3).

Als abhängige Variable haben wir in unserem Modell den Verhandlungserfolg festgelegt. Als unabhängige Variablen haben wir diejenigen Variablen in die multivariate Analyse einbezogen, bei denen wir aufgrund unserer bisherigen Erkenntnisse von einem relevanten Einfluss auf den Verhandlungserfolg ausgehen konnten. Neben verschiedenen Einzelvariablen haben wir zusätzlich einen „Harvard-Index" konstruiert und im Modell berücksichtigt. Dieser wurde als Summenindex aus fünf einzelnen Variablen zusammengesetzt, die als Indikatoren für das "Verhandeln nach dem Harvard-Konzept" dienen können (vgl. Box IV.4).

BOX IV.3

Im linearen Regressionsmodell gilt die Voraussetzung, dass die Variablen metrisches Niveau besitzen, d.h. dass es sich um quantifizierbare Größen (z.B. Einkommen) handelt. Für unsere zentrale Forschungsfrage, wodurch Verhandlungserfolg beeinflusst wird, ist dieses Verfahren untauglich, da die abhängige Variable nur binär ausgeprägt ist ("erfolgreich" oder "nicht erfolgreich ").

Das Logit-Modell hingegen ermöglicht es, auch nicht-metrische Variablen in die Analyse einzubeziehen. Es geht nicht wie das lineare Modell von der Wahrscheinlichkeit (dass ein Ereignis eintritt) aus, sondern betrachtet die Chance (odds) für das Eintreten eines bestimmten Zustandes. Diese wird als Quotient aus der Wahrscheinlichkeit (dass ein Ereignis eintritt) und der Gegenwahrscheinlichkeit (dass es nicht eintritt) berechnet. Durch Logarithmierung der "odds" erhält man schließlich die Logits, die im Wertebereich zwischen $-\infty$ und $+\infty$ liegen können.

SPSS gibt die Chance für das Eintreten der abhängigen Variablen als Exponierten Regressionskoeffizienten Exp(B) aus. Ein Exp(B) von 2,5 ist so zu interpretieren, dass die Chance des Eintritts eines bestimmten Zustandes (in unserem Fall "Verhandlungserfolg") 2,5 mal so groß ist. Ein Exp(B) kleiner 1 zeigt einen negativen Zusammenhang an.

In Analogie zum linearen Regressionsmodell gibt es auch für das Logit-Modell einige Vorschläge zur Berechnung einer Größe, die eine Abschätzung der "erklärten Varianz" R^2 erlaubt; man spricht hier von sog. Pseudo-R^2. SPSS weist u. a. Nagelkerkes R^2 aus, das den

Vorzug besitzt, in seiner höchsten Ausprägung den Wert 1 zu erreichen.

BOX IV.4

Unter einem 'Index' wird eine Zusammenfassung von mehreren Einzelindikatoren zu einer neuen Variablen verstanden. Diese dient zur Untersuchung eines theoretischen Konstrukts mit mehreren Dimensionen, zu dessen Beschreibung ein einzelner Indikator nicht ausreicht. Ein Summenindex wird durch Addition der Indikatorenwerte ermittelt, was den gleichen Wertebereich bei allen einbezogenen Variablen voraussetzt (vgl. Schnell/Hill/Esser (2008), S. 166f.).

Der "Harvard-Index" ist aus fünf Einzelvariablen zusammengesetzt, die wesentliche Grundideen des Harvard-Konzeptes abbilden und daher als Indikatoren für dieses theoretische Konstrukt dienen können. Darunter sind drei Variablen, die sich auf die Verhandlungsvorbereitung beziehen ("Vorbereitung auf den Gesprächspartner", "zusätzliche Optionen festgelegt" und "Alternativplan entwickelt") sowie zwei Variablen, die sich auf die Einstellung zum Verhandeln beziehen ("Ich habe immer einen Plan B in der Tasche" und "Ich strebe immer eine Win-win-Situation an"). Der Harvard-Index ist als dichotome Variable konstruiert: Wer sich auf den Gesprächspartner vorbereitet, zusätzliche Optionen festgelegt, einen Alternativplan entwickelt hat und bei den Aussagen „Ich habe immer einen Plan B in der Tasche" und "Ich strebe immer eine win-win-Situation an" "stimme eher zu" oder "stimme voll zu" angekreuzt hat, hat in unserem Verständnis nach wesentlichen Grundsätzen des Harvard - Konzeptes verhandelt.

Die im Folgenden darstellten Erfolgsmodelle fassen jeweils alle Einflussfaktoren zusammen, die sich für eine bestimmte Untersuchungsgruppe als relevant heraus kristallisierten. Die angegebenen Werte für Exp(B) zeigen die Stärke des jeweiligen Zusammenhangs unter Kontrolle der anderen Variablen im Modell an. Angaben zu Signifikanz und Güte der Modelle machen wir jeweils in einer Fußnote.

Es gibt zwei Variablen, die in allen sechs Modellen als Erfolgsfaktoren auftreten. Dies ist einerseits die Disposition, sich vor der Gehaltsverhandlung "erfolgsgewiss" zu fühlen und andererseits das Verhandeln nach Prinzipien des Harvard-Modells. Weiterhin gibt es eine Variable die als Misserfolgsfaktor ebenfalls in allen Modellen auftaucht. Hierbei handelt es sich um die mentale Vorbereitung der Gehaltsverhandlung.

Erfolgsmodell der Gesamtgruppe

Betrachten wir zunächst die Gesamtgruppe. Das Gefühl, erfolgsgewiss in das Verhandlungsgespräch zu gehen, erhöht die Chance (odds) auf Verhandlungserfolg ganz beträchtlich. Sie steigt bei dieser über vier Ausprägungen ("gar nicht", "eher mehr", "eher weniger" und "voll und ganz" erfolgsgewiss) ordinal skalierten Variablen von "Ausprägungsstufe zu Ausprägungsstufe" jeweils um den Faktor 2,068.

Auch der Harvard-Index liefert einen deutlichen Beitrag zur Erklärung von Verhandlungserfolg. Die Chance zu den erfolgreichen Verhandlern zu gehören, steigt in der Gesamtgruppe um den Faktor 3,888, wenn nach dem Harvard-Konzept verhandelt wird.

Zwei Variablen, die sich auf den Ablauf des Verhandlungsgesprächs beziehen, gehören ebenfalls zum Erfolgsmodell der Gesamtgruppe. Wer erreicht, dass der Vorgesetzte die an ihn gerichteten Fragen auch tatsächlich beantwortet und wer Einfluss auf den Gesprächsverlauf hat, der erhöht seine Chance auf Verhandlungserfolg maßgeblich und zwar um den Faktor 1,912 bzw. 1,712 "von Stufe zu Stufe".[5]

Als gravierender Misserfolgsfaktor erweist sich die "mentale Vorbereitung" auf die anstehende Gehalts- und Aufstiegsverhandlung. Wer sich mental vorbereitete, hatte eine um ein Drittel kleinere Chance auf Verhandlungserfolg als diejenigen, die diese Art der Vorbereitung nicht nutzten.

---

[5] Auch die Variablen zur Gesprächsführung sind ordinal skaliert und haben vier Ausprägungsstufen ("gar nicht", "eher weniger", "eher mehr", "voll und ganz").

Abb. 52: Erfolgsmodell: Gesamtgruppe (n = 432)[6]

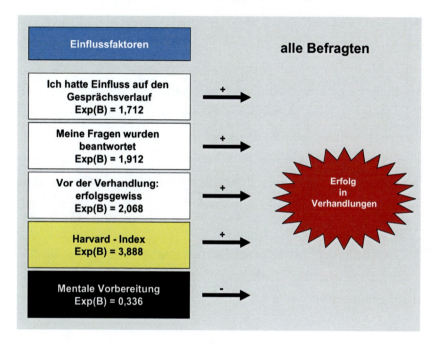

[6] Alle Einzelergebnisse des Modells sind signifikant auf dem Niveau von 0,01. Das Modell erhöht die Vorhersage der richtigen Klassifizierung von "erfolgreich" und "nicht erfolgreich" von 57,4% auf 71,6%. Nagelkerkes R^2, die "erklärte Varianz", beträgt 0,276.

Erfolgsmodell der Personalverantwortlichen

Betrachtet man nur die Personalverantwortlichen, so verändert sich das Modell. Der "Harvard-Index" bleibt ein wichtiger Erfolgsfaktor und auch die emotionale Ausgangslage "erfolgsgewiss" in die Verhandlung zu gehen, erhöht die Chance auf Verhandlungserfolg deutlich. Hinzu kommt als positiver Faktor ein Element der Verhandlungsvorbereitung, nämlich die "externe Ermittlung des Marktwertes". Bezüglich der Gesprächsführung erhöht sich die Chance auf Verhandlungserfolg, wenn die Personalverantwortlichen angaben, dass ihnen zugehört wurde und sie Einfluss auf den Gesprächsverlauf hatten.

Auf der Seite der "Misserfolgsfaktoren" steht wiederum die mentale Vorbereitung, die die Chance auf Verhandlungserfolg um etwa die Hälfte reduziert.

Abb. 53: Erfolgsmodell: Personalverantwortliche (n = 209)[7]

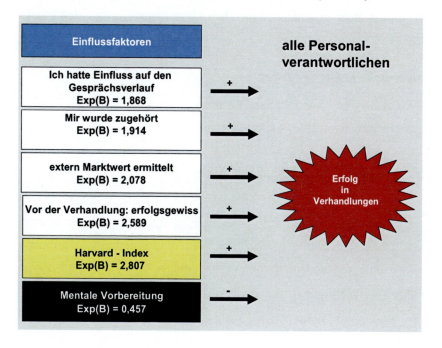

---

[7] Bis auf den Wert für den "Harvard - Index" sind alle Einzelergebnisse des Modells mindestens signifikant auf dem Niveau von 0,05. Bei dem Harvard - Index beträgt die Irrtumswahrscheinlichkeit etwa 10%. Das Modell erhöht die Vorhersage der richtigen Klassifizierung von "erfolgreich" und "nicht erfolgreich" von 50,9% auf 71,1%. Nagelkerkes R^2, die "erklärte Varianz", beträgt 0,313.

Wie sehen nun die "männlichen" und die "weiblichen" Erfolgsmodelle aus und welche geschlechtstypischen Unterschiede lassen sich identifizieren?

Männliche Erfolgsmodelle

Bemerkenswert: Für Männer, die nach den abgefragten Grundsätzen des Harvard-Konzeptes verhandeln, ist die Chance, zu den erfolgreichen Verhandlern zu gehören, um den Faktor 5,761 so groß wie für Männer, die diesen Prinzipien nicht folgten.

Wiederum ist das Gefühl, "erfolgsgewiss" in die Verhandlung zu gehen, auf der Seite der Erfolgsfaktoren zu finden. Neu hinzu kommt im "männlichen Erfolgsmodell" die Vorbereitungshandlung "Strategie entwickelt", die die Chance auf Verhandlungserfolg vergrößert.

Unter den Merkmalen, die das Verhandlungsgespräch charakterisieren, sind beim "männlichen Erfolgsmodell" die Elemente, dass der Vorgesetzte auch zugehört hat und alle Fragen beantwortet wurden, von Bedeutung.

Mentale Vorbereitung ist auch bei Männern nicht von Erfolg gekrönt.

Für die Gruppe der männlichen Personalverantwortlichen zeigt sich ein neuer gewichtiger Erfolgsfaktor: Das Gespräch vorher "geübt" zu haben, erhöht die Chance auf Verhandlungserfolg um den Faktor 3. Die anderen Erfolgsfaktoren bzw. der Misserfolgsfaktor waren auch schon in den bisher vorgestellten Modellen relevant.

Erfolgsfaktoren der Gehalts- und Aufstiegsverhandlung

Abb. 54: Das "männliche" Erfolgsmodell: Gesamtgruppe (n = 209)[8]

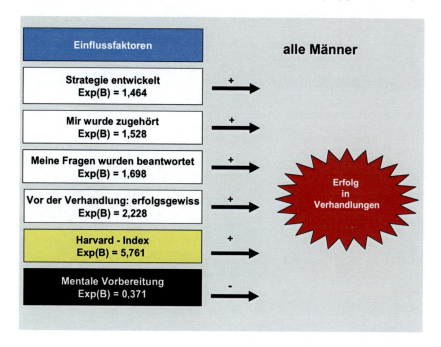

---

[8] Bei der Variablen "mir wurde zugehört" liegt die Irrtumswahrscheinlichkeit bei etwa 10%, bei der Variablen "Strategie entwickelt" bei mehr als 20%. Alle anderen Einzelergebnisse sind mindestens signifikant auf dem Niveau von 0,05. Das Modell erhöht die Vorhersage der richtigen Klassifizierung von "erfolgreich" und "nicht erfolgreich" von 53,8% auf 70,1%. Nagelkerkes R^2, die "erklärte Varianz", beträgt 0,292.

Abb. 55: Das "männliche" Erfolgsmodell: Personalverantwortliche (n = 113)[9]

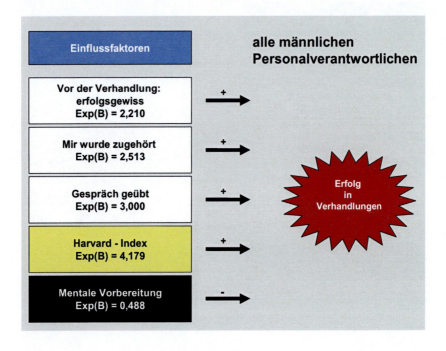

---

[9] Bei der Variablen "Harvard-Index" und der Variablen "mentale Vorbereitung" liegt die Irrtumswahrscheinlichkeit bei etwa 10%, bei der Variablen "Gespräch geübt" bei etwa 15%. Die beiden anderen Einzelergebnisse sind signifikant auf dem Niveau von 0,01. Das Modell erhöht die Vorhersage der richtigen Klassifizierung von "erfolgreich" und "nicht erfolgreich" von 56,6% auf 73,0%. Nagelkerkes R^2, die "erklärte Varianz", beträgt 0,306.

Weibliche Erfolgsmodelle

Das weibliche Erfolgsmodell beinhaltet vier Erfolgs- und zwei Misserfolgsfaktoren. Verhandeln nach dem Harvard-Konzept ist auch für Frauen Erfolg versprechend, wenn auch der Effektkoeffizient hier mit 2,621 deutlich kleiner ist als bei den Männern. Ebenso erhöhen die Disposition erfolgsgewiss in das Gespräch zu gehen und die beiden Elemente der Gesprächsführung "Meine Fragen wurden beantwortet" und "Ich hatte Einfluss auf den Gesprächsverlauf" die Chance auf Erfolg maßgeblich.

Zu dem Misserfolgsfaktor mentale Vorbereitung tritt im weiblichen Modell das Entwickeln einer Verhandlungsstrategie: Frauen, die sich auf diese Weise auf die Gehaltsverhandlung vorbereiten, hatten eine um 50% geringere Chance auf Verhandlungserfolg als Frauen, die dieses Element der Verhandlungsvorbereitung nicht nutzten.

Zum Abschluss erfolgt nun noch die Darstellung des weiblichen Erfolgsmodells für die weiblichen Führungskräfte mit Personalverantwortung.

In diesem Modell sind die Effektkoeffizienten besonders groß. Den eigenen Marktwert ermittelt zu haben, steigert die Chance auf Verhandlungserfolg um den Faktor 6,866. Erfolgsgewiss in die Verhandlung zu gehen, Einfluss auf den Gesprächsverlauf zu nehmen und für ausgeglichene Redeanteile zu sorgen, sind ebenfalls von großem Einfluss.

Neben dem Misserfolgsfaktor der "mentalen Vorbereitung", der auch in diesem Modell zu Tage tritt und die Chance auf Verhandlungserfolg deutlich reduziert, steht eine Einstellungsvariable: Weibliche Personalverantwortliche, die sich durch Ablehnung und Misserfolg herausgefordert fühlen, haben hierdurch eine verminderte Chance auf Erfolg in Gehalts- und Aufstiegsverhandlungen.

Dies spricht dafür, dass wer sich durch Misserfolg heraus gefordert fühlt, nicht zwangsläufig eine positive sportliche Einstellung aufbaut. Denkbar ist, dass eine zu starke Reaktion in dieser Richtung zu einer verkrampften und übertrieben kämpferischen Haltung führt, die aufgrund der Rollenstereotypisierung von Frauen beim Gegenüber besonders schlecht ankommt.

Abb. 56: Das "weibliche" Erfolgsmodell: Gesamtgruppe (n = 223)[10]

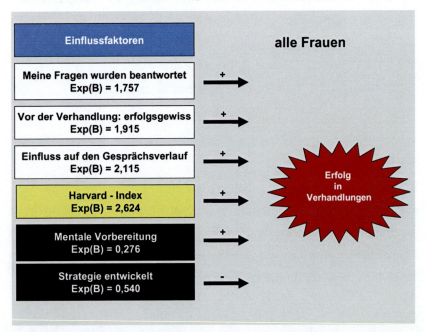

---

[10] Der Zusammenhang bei der Variablen "Harvard - Index" hat eine Irrtumswahrscheinlichkeit von gut 10%; bei der Variablen "Strategie vorbereitet" liegt diese bei 7%. Alle anderen Ergebnisse sind hochsignifikant auf dem Niveau von 0,01. Das Modell erhöht die Vorhersage der richtigen Klassifizierung von "erfolgreich" und "nicht erfolgreich" von 60,5% auf 72,7%. Nagelkerkes R2, die "erklärte Varianz", beträgt 0,297.

Abb. 57: Das "weibliche" Erfolgsmodell: Personalverantwortliche $(n = 91)$[11]

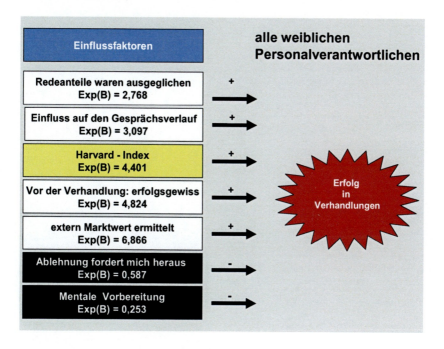

---
[11] In diesem Modell liegt die Irrtumswahrscheinlichkeit im Hinblick auf die Variable "Harvard - Index" bei etwa 20%. Alle anderen Ergebnisse sind mindestens auf dem Niveau von 0,05 signifikant. Das Modell erhöht die Vorhersage der richtigen Klassifizierung von "erfolgreich" und "nicht erfolgreich" von 59,8% auf 75,7%. Nagelkerkes R^2, die "erklärte Varianz", beträgt 0,476. Problematisch an diesem Modell ist die Größe der Untersuchungsgruppe, die mit n = 91 unter den 100 Fällen liegt, die für die Anwendung der logistischen Regression üblicherweise verlangt werden.

V. Schlussfolgerungen und erste Handlungsempfehlungen

"Über Geld spricht man nicht". Kann es sein, dass dieser Glaubenssatz in deutschen Unternehmen immer noch stark Verhalten steuernd ist?

Dafür spricht, dass nur 60% der von uns befragen Führungskräfte in den letzten fünf Jahren überhaupt nach mehr Gehalt und/oder einer besseren Position nachgefragt haben und nur rund ein Viertel der Befragten in ihrer letzten Gehaltsverhandlung erfolgreich waren.

Diese beiden unerwarteten Ergebnisse machen zweierlei deutlich: Führungskräfte müssen im Hinblick auf Gehalts- und Aufstiegsverhandlungen initiativer werden und ihre Verhandlungskompetenz ausbauen!

Welche Ansatzpunkte hierfür empfehlen wir auf der Basis unserer umfangreichen Datenanalyse?

- Beginnen wir mit der Frage, wann bzw. warum Gehalts- und/oder Aufstiegsverhandlungen geführt werden. Überwiegend wird die Steigerung der eigenen Leistung hierfür zum Anlass genommen. Dieses Vorgehen ist ebenso nahe liegend wie berechtigt. Allerdings vermuten wir, dass durch eine verengte, "ich-bezogene" Perspektive externe Umstände - die wirtschaftliche Lage des Unternehmens ist nur ein Beispiel - nicht genügend berücksichtigt und damit Chancen nicht erkannt werden.

Wir empfehlen die Perspektive zu erweitern, das Potential günstiger Rahmenbedingungen in den Mittelpunkt der Aufmerksamkeit zu rücken und auch nach Veränderungen in der Organisation Ausschau zu halten. Wenn ein Unternehmen ein gutes Ergebnis erzielt hat, ist die Situation für eine erfolgreiche Gehaltsverhandlung wahrscheinlich günstiger als in einem schlechten Jahr. Und es spricht nichts dagegen, sich von dem guten Firmenergebnis anregen zu lassen, einmal gründlich zu überlegen, was man selbst dazu beigesteuert hat!

Aber auch Veränderungen und sogar Krisen bieten Chancen, für den der sie erkennt und ergreift.

- „Women don't ask!" Diese Erklärung wird häufig herangezogen, wenn es um die Gehaltslücke zwischen männlichen und weiblichen Führungskräften geht, die immer noch ungefähr 25% beträgt. Diese These ist ein Mythos! Weibliche Führungskräfte initiieren (mindestens!) genauso oft Gehalts- und Aufstiegsverhandlungen wie ihre männlichen Kollegen.

Allerdings wird Frauen seltener (ungefragt) eine Gehaltserhöhung und/oder eine bessere Position angeboten. Unsere Erklärung hierfür ist, dass Frauen es immer noch versäumen, kontinuierlich auf sich aufmerksam zu machen und auf ihre Leistungen hinzuweisen. Der erste Schritt zu mehr Gehalt ist nicht die Frage nach der Gehaltsverhandlung. Vielmehr kommt es darauf an, das "Feld" frühzeitig zu bereiten! Das viel beschworene „networking", Spaß am „mikropolitischen Spiel" und die Entwicklung "weiblicher" mikropolitischer Strategien sind in diesem Zusammenhang sehr nützlich. Strategien kommt auch im Zusammenhang mit der Verhandlungsführung – wie wir gleich noch zeigen werden – eine bedeutende Rolle zu.

- Weibliche Führungskräfte erzielen in Gehalts- und Aufstiegsverhandlungen die schlechteren Ergebnisse. Während bei den Männern fast jeder Dritte zu den erfolgreichen Verhandlern gehört, ist es bei den Frauen nur etwa jede Fünfte. In diesem Punkt liegen wir auf der Linie bisheriger Forschung. Wir werden daher im Folgenden sowohl generelle Empfehlungen zum Ausbau von Verhandlungskompetenz ableiten als auch Tipps ganz speziell für Frauen formulieren.

- Das Harvard-Konzept ist das einzige grundlegende und weithin akzeptierte Verhandlungskonzept. Ohne den Anspruch zu erheben, dieses Konzept in Gänze empirisch überprüft zu haben, kommen wir zu dem Schluss, dass die Berücksichtigung wesentlicher Prinzipien des Harvard-Konzeptes auch bei Gehalts- und Aufstiegsverhandlungen Erfolg versprechend ist. Der von uns gebildete Harvard-Index, der zentrale Ideen des Harvard-Konzeptes repräsentiert, ist für alle Befragten sowie für jede einzelne betrachtete Subgruppe ein Erfolgsfaktor. Insoweit empfehlen wir besonders die Beschäftigung mit den Prinzipien des Harvard-Konzeptes als grundlegende Vorbereitung.

Das Harvard-Konzept beinhaltet eine Einstellung dem Verhandeln gegenüber, die dadurch charakterisiert werden kann, dass gleichzeitig auf das Verhandlungsergebnis und die Beziehung zum Verhandlungspartner Wert gelegt wird. Angestrebt wird stets eine Win-Win-Situation, was eine sehr positive Grundhaltung dem Verhandeln gegenüber impliziert.

- Das Wollen - also die Einstellung und die Motivation - ist neben dem Wissen, Können und Dürfen ein wesentlicher Teil von Kompetenz und im Hinblick auf mehr Verhandlungserfolg ein wichtiger Ansatzpunkt.

Wir haben festgestellt, dass viele Führungskräfte dem Thema Verhandeln reserviert gegenüber stehen. Dies gilt noch stärker für das Verhandeln im eigenen Interesse und wenn es um Gehalts- und Aufstiegsverhandlungen geht, hört insbesondere bei Frauen der Spaß ganz auf. Zur Erinnerung: Fast 40% der männlichen und fast die Hälfte der weiblichen Führungskräfte konnten der Aussage "Es reizt mich, Gehalts- und Aufstiegsverhandlungen zu führen" nicht oder eher nicht zustimmen. Gleichzeitig sind sehr viele vor der Verhandlung nervös oder gar unsicher und nehmen bei Misserfolg die Verhandlungsverluste persönlich.

Männliche und weibliche Führungskräfte sollten daher an ihrer Einstellung zum Thema Verhandlungen arbeiten. Warum eine Gehaltsverhandlung nicht als sportliche Herausforderung sehen? Erfolglose Verhandlungen können ganz unterschiedliche Ursachen haben und sollten nicht als persönliche Niederlage gewertet werden. Insbesondere für Frauen sind dies Top-Tipps zur Erweiterung ihrer Verhandlungskompetenz!

- Mentale Vorbereitung kann helfen, um Gelassenheit und Selbstsicherheit aufzubauen. Viele haben angegeben, sich mental vorbereitet zu haben. Da dieses Element der Vorbereitung in allen Erfolgsmodellen als Misserfolgsfaktor hervortritt, gehen wir davon aus, dass entweder die mentale Vorbereitung kontraproduktiv ist (man macht sich noch nervöser als man schon ist) oder dass "mentale Vorbereitung" eine geschönte Umschreibung für "gar keine Vorbereitung" darstellt.

- Jede sich bietende Chance zu ergreifen, eine (Gehalts-) Verhandlung zu führen, ist eine weitere sehr gute Möglichkeit, um Ängste und Unsicherheiten abzubauen. Eine "Erfolgsprogrammierung" im Sinne einer selbstsuggestiven Einstimmung verspricht ebenfalls Verhandlungserfolg.
- Denn: Erfolgsgewissheit schafft Erfolg! Wer vor seiner letzten Gehaltsverhandlung erfolgsgewiss war, erhöhte seine Erfolgschance deutlich. Dieses Ergebnis kann man als Redundanz abtun oder den Ursachen-Wirkungs-Zusammenhang kritisch hinterfragen. Wir gehen aber davon aus, dass eine positive und selbstbewusste Haltung den Verhandlungserfolg auf jeden Fall fördert.
- Als Schlüssel zum Erfolg hat sich die Gesprächsführung herauskristallisiert. Alle von uns abgefragten Elemente der Gesprächssteuerung stehen in signifikantem Zusammenhang zum Verhandlungserfolg. Wer dem Gespräch seinen Stempel aufdrücken konnte, beendete dieses erheblich häufiger auch erfolgreich. Der Zusammenhang zum Verhandlungserfolg ist umso stärker, je mehr das untersuchte Element der Gesprächsführung dazu geeignet ist, das Gespräch aktiv zu steuern. Der geringste Zusammenhang besteht, wenn man selbst alle Fragen des Vorgesetzten beantworten konnte (geringe Steuerung des Gesprächs), während der stärkste Zusammenhang dann feststellbar ist, wenn man den Verhandlungspartner dazu bringen konnte, die eigenen Fragen zu beantworten und zuzuhören (starke Steuerung des Gesprächs).

Die vergleichende Betrachtung von männlichen und weiblichen Führungskräften hat deutlich gemacht, dass es Frauen generell schlechter gelingt, auf die Gehalts- und Aufstiegsverhandlung Einfluss zu nehmen. Insoweit können wir entsprechende Ergebnisse bisheriger Forschung unterstreichen.

- Das Training von Gesprächsführungstechniken ist also wesentlich für den Ausbau von Verhandlungskompetenz. Insbesondere kommt es darauf an, dass Führungskräfte entschieden nachhaken sollten, wenn sie den Eindruck haben, dass ihr Verhandlungspartner nicht richtig zuhört oder eigene Fragen nicht ausreichend beantwortet wurden. Letzteres ist ein weiterer Top-Tipp für Frauen.

- Was können Führungskräfte noch tun, um in der Gehalts- und Aufstiegsverhandlung maximale Wirksamkeit zu entfalten?

Eine Möglichkeit zur Sicherung des eigenen Einflusses ist die Planung des Gesprächsverlaufs. Dazu gehören die Erarbeitung einer Gesprächsstrategie sowie die Vorbereitung auf den Gesprächspartner und dessen mögliche Argumente bzw. Einwände.

- Strategiekompetenz in Bezug auf Gehalts- und Aufstiegsverhandlungen: Leider Fehlanzeige! Nur gut 30% der Führungskräfte sind mit einer Strategie in die letzte Verhandlung gegangen. Bei näherer Betrachtung dieser Strategien stellten wir darüber hinaus ein qualitatives Defizit fest. Nach unserer Definition von "Strategie" konnten wir nur 28 als "echte Strategien" einstufen - bezogen auf die Gesamtgruppe von 810 Befragten ein Anteil von 3,5%.

- Dieses grundsätzliche Strategiedefizit stellt sich für die Geschlechter noch einmal unterschiedlich dar. Wenn Männer eine Strategie haben, sind sie mit dieser durchaus erfolgreich. Die Empfehlung für Männer fällt daher leicht: Häufiger Strategien entwickeln heißt hier die Devise. Bei den Frauen hingegen kamen wir zu dem verblüffenden Ergebnis, dass das Vorhandensein einer Strategie als Misserfolgsfaktor wirkt. Da die beschriebenen Strategien mit denen der Männer vergleichbar sind, müssen wir vermuten, dass aufgrund von Rollenstereotypisierungen gleiches Verhalten nicht zum gleichen Erfolg führt. Frauen sollten daher ebenfalls häufiger und vor allem ihrer Persönlichkeit entsprechende Strategien entwickeln und nicht einfach die gängigen „männlichen Strategien" übernehmen!

- Generell ist festzustellen, dass die Verhandlungsvorbereitung in vielen Fällen nicht ausreichend ist und somit das, was die Literatur empfiehlt, weitgehend vernachlässigt wird. Gleichzeitig haben Führungskräfte eine viel zu positive Selbsteinschätzung in diesem Punkt.

Wir sehen neben dem Strategiedefizit vor allem zwei weitere zentrale Punkte einer guten Vorbereitung, die sträflich vernachlässig werden: Dies betrifft einerseits die Informationsrecherche, andererseits die Vorbereitung von Flexibilität in der Verhandlung.

Den eigenen Marktwert zu kennen und zu wissen, was die Kollegen verdienen, halten wir für unverzichtbar. Mehr Flexibilität erreicht man durch das Entwickeln von Alternativen und zusätzlicher Optionen, womit erneut das Harvard-Konzept ins Spiel kommt.

- Bei der Vorbereitung machten wir wiederum die Beobachtung der "Ich-Zentrierung". die zu dem passt, was wir eingangs über die Anlässe zum Initiieren von Gehalts- und Aufstiegsverhandlungen ausgeführt haben. Wir schlagen vor, nicht nur die eigenen Leistungen in den Vordergrund zu stellen ("ich-bezogene Vorbereitung"), sondern auch die Vorbereitung kontextbezogen zu betreiben.

- Vielfach haben wir Führungskräfte mit Personalverantwortung und die Gesamtgruppe verglichen und dabei festgestellt, dass mit der

Mitarbeiterführung offenbar ein Lernprozess in Bezug auf die eigene Verhandlungskompetenz verbunden. ist. Bei vielen Kompetenzfacetten schneiden die Führungskräfte mit Personalverantwortung besser ab als die Gesamtgruppe und bei ihnen ist dementsprechend auch der Anteil der erfolgreichen Verhandler deutlich größer. Gleichzeitig zeigte sich, dass diese Effekte bei den Frauen bei vielen Variablen kleiner ausfallen als bei ihren männlichen Kollegen.

Daraus ziehen wir den Schluss, dass der vermutete Lernprozess bei Frauen weniger schnell bzw. weniger erfolgreich verläuft. Wir empfehlen daher weiblichen Führungskräften, die Übernahme von Personalverantwortung stärker mit dem eigenen Fortkommen zu verbinden bzw. „mit diesem Pfund besser zu wuchern". Sie sollten aus Erfahrungen lernen, die sie beim Führen von Gehaltsverhandlungen mit ihren Mitarbeitern machen.

- Bisher haben wir ausschließlich die Perspektive derjenigen Führungskräfte eingenommen, die mit ihren Vorgesetzten um mehr Gehalt bzw. um eine bessere Position verhandeln. Unsere Ergebnisse liefern aber auch für die „andere Seite" wichtige Anregungen.

Was machen Führungskräfte, wenn sie mit dem Ergebnis der Gehalts- und Aufstiegsverhandlung unzufrieden sind?

Ein beträchtlicher Teil bemüht sich in diesem Fall um eine Stellung in einem anderen Unternehmen. Angesichts der Kosten, die die Einstellung und Einarbeitung neuer Mitarbeiter mit sich bringt und der Produktivitätsverluste, die aus Demotivation resultieren, sehen wir erheblichen Handlungsbedarf auch auf Seiten der Vorgesetzten.

Führungskräfte sollten ihr Gespür dafür trainieren, ob und inwieweit Mitarbeiter das Verhandlungsergebnis verstehen und akzeptieren und mit welchen Reaktionen zu rechnen ist.

Auch die beträchtlichen Anteile der Führungskräfte, die der Auffassung sind, dass ihnen ihr Gesprächspartner nicht richtig zugehört oder auf die gestellten Fragen nicht ausreichend geantwortet hat, sprechen eine deutliche Sprache. Ein Umdenken dahingehend, wie Gehaltsverhandlungen - insbesondere mit weiblichen Mitarbeitern - motivierend zu gestalten sind, ist also für viele Vorgesetzte dringend geboten.

Empirische Forschung gibt Antworten und wirft in der Regel weitere Fragen auf. So ist es auch bei unserem Projekt.

Wir haben ein überwiegend quantitatives Untersuchungsdesign gewählt und uns für eine Online-Befragung entschieden, um eine große Fallzahl zu erreichen. Bisherige Aussagen dazu, wie man mit Erfolg Gehalts- und Aufstiegsverhandlungen führt, waren in der Regel nur unzulänglich empirisch untermauert und beruhten auf Plausibilitätsüberlegungen, der Darstellung von Einzelfällen oder bestenfalls auf Untersuchungen mit geringen Fallzahlen. Demgegenüber basieren unsere Ergebnisse auf einer Befragung von 810 Führungskräften, so dass wir diese Forschungslücke füllen konnten.

Die Grenze des gewählten Forschungsansatzes besteht in der fehlenden Möglichkeit, in die Tiefe zu gehen und bei überraschenden Ergebnissen weiter nachzufragen, wie dies z.B. bei persönlich geführten Intensivinterviews möglich ist.

Hierzu nur ein für uns besonders hervorstechendes Beispiel: Das Entwickeln einer Strategie zur Vorbereitung der Gehalts- und Aufstiegsverhandlung ist ein Erfolgsfaktor für die Männer und ein Misserfolgsfaktor für die Frauen. Dieses Phänomen können wir zwar interpretieren, aber nicht abschließend erklären.

Insofern müssen wir zum Abschluss auch folgendes Fazit ziehen: Weitere Forschung ist wünschenswert!

VI. Anhang

1. Fragebogen

Begrüßung

Sehr geehrte Damen und Herren,

vielen Dank für Ihre Bereitschaft an unserer Umfrage teilzunehmen. Ziel unserer Untersuchung ist es, herauszufinden, welche Strategien und Taktiken Führungskräfte bei Gehalts- und Aufstiegsverhandlungen tatsächlich zum Erfolg führen. Wir führen unser Forschungsprojekt in Kooperation mit BPW - Germany (Business and Professional Women - Germany e.V.) und ULA - Deutscher Führungskräfteverband durch. Finanziert wird das Forschungsprojekt durch das Hessische Ministerium für Wissenschaft und Kunst.

Selbstverständlich erfolgt die Erhebung sowie die Auswertung der Daten absolut anonym und die Bestimmungen des Datenschutzes werden eingehalten. Bei den Formulierungen haben wir auf eine geschlechtsspezifische Sprache verzichtet, um die Lesbarkeit zu erhöhen. Selbstverständlich sind Frauen und Männer gleichermaßen angesprochen.

Der Fragebogen wird Sie ca. 10-15 Minuten in Anspruch nehmen. Da wir auf Ihre Erfahrungen bei Gehalts- und Aufstiegsverhandlungen angewiesen sind, bitten wir Sie herzlich, trotz Ihrer vielfältigen Arbeitsbelastungen, sich diese Zeit zu nehmen.

Vielen Dank!

Person und Werdegang

1. Wie alt sind Sie?
   _____ Jahre

2. Bitte geben Sie Ihr Geschlecht an:
   - männlich
   - weiblich

3. Welchen beruflichen Ausbildungsabschluss haben Sie?
   (Mehrfachnennungen möglich)
   - abgeschlossene Berufsausbildung
   - Berufsfachschulabschluss
   - Fachschulabschluss
   - Meister-, Techniker- oder gleichwertiger Fachschulabschluss
   - Fachhochschulabschluss (auch Abschluss einer Ingenieurschule)
   - Universitätsabschluss
   - sonstiges

4. Zu welcher Branche gehört das Unternehmen, in dem Sie arbeiten?
   - Landwirtschaft und Bergbau
   - Industrie
   - Handwerk
   - Baugewerbe
   - Energie- und Wasserversorgung
   - Handel
   - Hotel- und Gaststättengewerbe, Tourismus
   - Verkehr und Telekommunikation
   - Kreditinstitute und Versicherungen, Finanzdienstleistungen
   - Grundstücks- und Wohnungswesen
   - Öffentlich Verwaltung, Sozialversicherung und Kommunale Betriebe
   - Unternehmens-, Steuer- und Rechtsberatung
   - Druck und Medien
   - Informationstechnologie, IT-Dienstleistungen
   - Marketing, Werbung und Event
   - Erziehung und Bildung
   - Gesundheits- und Sozialwesen
   - Kunst und Kultur
   - Sonstiges

Unternehmen/Position

5. Wie viele Personen sind in dem Unternehmen beschäftigt, in dem Sie arbeiten?
   - bis 9
   - 10 bis 49
   - 50 bis 499
   - 500 bis 1999
   - 2000 und mehr

6. Sind Sie zurzeit in einem Angestelltenverhältnis tätig?
   - ja
   - nein, ich bin selbständig

   6.1 Sie haben angegeben, dass Sie zurzeit selbständig tätig sind. Dieser Fragebogen bezieht sich in erster Linie auf Gehalts- und Aufstiegsverhandlungen in einem Angestelltenverhältnis. Falls Sie in den letzten fünf Jahren in einem Angestelltenverhältnis gearbeitet haben, sind auch Ihre Informationen für uns interessant.
   Was möchten Sie tun?
   - den Fragebogen fortsetzen
   - den Fragebogen abschließen. *[FILTER, Frage 14]*

7. Welche Tätigkeit üben derzeit Sie aus? Bitte nennen Sie uns Ihre Position.
   _____

8. Welchen Umfang hat Ihre Tätigkeit?
   - Vollzeit
   - Teilzeit

9. Haben Sie Personalverantwortung?
   - ja   *[FILTER, Frage 9.1]*
   - nein

   <u>Wenn "Personalverantwortung JA":</u>

   9.1 Wie viele Personen sind Ihnen direkt unterstellt?
   _____ Person(en)

10. Wie oft sind Sie in den letzten fünf Jahren befördert worden? Wir meinen damit konkret einen Aufstieg in der Hierarchie.
    _____ mal

11. Wie oft hatten Sie - abgesehen von den regulären tariflichen Erhöhungen - in den letzten fünf Jahren eine Gehaltsverbesserung?
    _____ mal

Verhandlungsverhalten

12. Gibt es in Ihrem Unternehmen vorgegebene Kriterien für Aufstieg und/oder außertarifliche Gehaltserhöhungen?
    - ja   *[FILTER, Frage 12.1]*
    - nein
    - Ist mir unbekannt.

    Wenn "Kriterien etc. - JA":

    12.1 Bitte beschreiben Sie diese in Stichworten:
    _____
    _____

13. Haben Sie in den letzten fünf Jahren nach einem höheren Gehalt oder einer Aufstiegsmöglichkeit gefragt?
    - ja   *[FILTER, Frage 13.1]*
    - nein   *[FILTER, Frage 13.9]*
    - war nicht nötig, wurde angesprochen   *[FILTER, Frage 13.2]*

    Wenn "gefragt - JA":

    13.1 Wenn ja, wonach haben Sie genau gefragt?
    - Gehaltserhöhung <u>und</u> Aufstiegsmöglichkeit
    - Gehaltserhöhung
    - Aufstiegsmöglichkeit

    Wenn "gefragt - JA" oder "angesprochen":

    13.2 Wenn Sie an Ihre <u>letzte</u> Gehalts- und/oder Aufstiegsverhandlung denken: Gab es dafür konkrete Gründe oder einen bestimmten Anlass?
    (Mehrfachnennungen möglich)
    - Probezeit vorbei
    - interessante, neu zu besetzende Position vakant
    - gute Leistungen gebracht
    - lange genug in der Position
    - anderes Stellenangebot
    - Veränderungen in der Organisationsstruktur
    - gutes Firmenergebnis
    - familiäre Veränderungen
    - sonstiges   *[FILTER, Frage 13.2.1]*

    Wenn "Gründe/Anlass - sonstiges = JA":

    13.2.1 Bitte erläutern Sie uns kurz Ihre konkreten Gründe oder den bestimmten Anlass:
    _____
    _____

    13.3 Bitte nennen Sie uns das Geschlecht Ihres Gesprächspartners während der Verhandlung. Bei mehr als einem Gesprächspartner beziehen Sie sich bitte auf die Person, die das Gespräch am deutlichsten beeinflusst hat:
    - männlich
    - weiblich

13.4 Ergab sich aus diesem Gespräch eine Veränderung?
- Ja [FILTER, Frage 13.4.1]
- Nein [FILTER, Frage 13.4.4]

<u>Wenn "Veränderung - JA":</u>

13.4.1 Was war das Ergebnis Ihrer letzten Verhandlung?
(Mehrfachnennungen möglich)
- mehr Gehalt und bessere Position [FILTER, Frage 13.4.1.1]
- mehr Gehalt [FILTER, Frage 13.4.1.1]
- bessere Position
- sonstiges [FILTER, Frage 13.4.1.2]

<u>Wenn "mehr Gehalt und bessere Position" und "mehr Gehalt":</u>

13.4.1.1 Wie viel Prozent Gehaltserhöhung haben Sie bekommen?
_____ %

<u>Wenn "Verhandlungsergebnis - sonstiges":</u>

13.4.1.2 Bitte erläutern Sie, welches sonstige Verhandlungsergebnis Sie erzielt haben:
- _____

13.4.2 Wie zufrieden waren Sie mit dem Verhandlungsergebnis?
- sehr zufrieden
- zufrieden
- teilweise zufrieden [FILTER, Frage 13.4.3.2]
- unzufrieden [FILTER, Frage 13.4.3.2]

13.4.3 Können Sie erklären, was das Ergebnis positiv beeinflusst hat?
Auch wenn Sie mit dem Ergebnis nur teilweise zufrieden sind, kann es positive Einflussfaktoren gegeben haben.
(*Mehrfachnennungen möglich*)
- Meine Vorstellungen waren angemessen.
- Es war der richtige Zeitpunkt für das Unternehmen.
- Meine Vorbereitungen haben geholfen.
- Ich habe gut verhandelt.
- Mein Vorgesetzter unterstützt mich.
- nichts
- sonstiges [FILTER, Frage 13.4.3.1]

<u>Wenn "Einfluss positiv - sonstiges = JA":</u>

13.4.3.1 Bitte erläutern Sie, welche sonstigen Faktoren das Ergebnis positiv beeinflusst haben.
_____
_____

Wenn "teilweise zufrieden" oder "unzufrieden":

13.4.3.2 Welche Konsequenzen ziehen Sie daraus, dass Sie nicht in vollem Umfang erfolgreich waren?
(Mehrfachnennungen möglich)
- Ich habe es nicht mehr versucht.
- Ich habe noch mal gefragt.
- Ich bemühe mich um eine Stellung in einem anderen Unternehmen.
- Ich werde es später noch einmal versuchen.
- sonstiges   *[FILTER, Frage 13.4.3.3]*

Wenn "Konsequenzen - sonstiges = JA":

13.4.3.3 Bitte erläutern Sie uns kurz Ihre persönlichen Konsequenzen:

_____
_____

Wenn "Veränderung - NEIN":

13.4.4 Worin sehen Sie die Gründe für den Misserfolg?
(Mehrfachnennungen möglich)
- schlechter Zeitpunkt im Unternehmen
- Chancen falsch eingeschätzt
- unternehmensinterne Kriterien nicht erfüllt
- Forderung als unpassend abgelehnt
- ungenügende Vorbereitung
- Antipathien zwischen den Beteiligten
- sonstiges   *[FILTER, Frage 13.4.4.1]*

Wenn "Misserfolg/Gründe - sonstiges = JA":

13.4.4.1 Bitte erläutern Sie uns kurz, worin Sie den Grund für Ihren Misserfolg sehen:

_____
_____

13.4.5 Was war Ihre Konsequenz?
(Mehrfachnennungen möglich)
- Ich werde es später noch einmal versuchen.
- Ich werde es nicht mehr versuchen.
- Ich bemühe mich um eine Stellung in einem anderen Unternehmen.
- sonstiges   *[FILTER, Frage 13.4.5.1]*

Wenn "Konsequenz - sonstiges = JA":

13.4.5.1 Bitte erläutern Sie uns kurz Ihre persönlichen Konsequenzen:

_____
_____

VerhandlungsVORBEREITUNG

FORTSETZUNG "gefragt" oder "angesprochen":

13.5 Wie haben Sie sich vorbereitet auf das entsprechende Gespräch mit Ihrem Vorgesetzten?
(Mehrfachnennungen möglich)
- Strategie entwickelt [FILTER, Frage 13.5.2]
- Recherche bezüglich Vergleichsgehältern
- persönliche Vorbereitung (mental)
- Vorbereitung auf den entsprechenden Gesprächspartner
- Mindestforderung festgelegt
- zusätzliche Optionen festgelegt
- Alternativplan entwickelt
- eigene Leistungen aufgelistet
- extern "Marktwert" ermittelt
- Gesprächspunkte schriftlich vorbereitet
- Coaching
- Argumente gesammelt
- Gespräch geübt
- nachgelesen (z.B. Ratgeberliteratur)
- sonstiges [FILTER, Frage 13.5.1]

Wenn "Vorbereitung/Gespräch - sonstiges = JA":

13.5.1 Sie haben soeben "sonstiges" angegeben. Bitte erklären Sie uns Ihre persönliche Vorbereitung auf das Verhandlungsgespräch:

_____

Wenn "Strategie entwickelt":

13.5.2 Sie haben angegeben, dass Sie zur Vorbereitung auf das Verhandlungsgespräch eine Strategie entwickelt haben. Bitte erklären Sie uns diese in kurzen Stichworten:

_____
_____

13.5.3 Haben Sie Ihre Strategie wie geplant umgesetzt?
- ja
- teilweise
- nein

13.5.4 Im Falle von mehrmaligen Gesprächen, haben Sie die ursprüngliche Strategie beibehalten?
- ja
- nein [FILTER, Frage 13.5.4.1]

Wenn "Strategie NICHT beibehalten":

13.5.4.1 Welche alternative Strategie haben Sie gewählt und warum?

_____
_____

VerhandlungsVERLAUF

FORTSETZUNG "gefragt" oder "angesprochen":

13.6 Wie haben Sie sich **vor** dem Gespräch gefühlt?
Bitte bewerten Sie jede der unten genannten Möglichkeiten.

	gar nicht	eher weniger	eher mehr	voll und ganz
• erfolgsgewiss	μ	μ	μ	μ
• unsicher	μ	μ	μ	μ
• ängstlich	μ	μ	μ	μ
• nervös	μ	μ	μ	μ
• ruhig und gelassen	μ	μ	μ	μ
• gut vorbereitet	μ	μ	μ	μ

13.7 Wie ist die Verhandlung verlaufen?
Bitte bewerten Sie jede der unten genannten Möglichkeiten.

	gar nicht	eher weniger	eher mehr	voll und ganz
• Ich konnte die Inhalte des Gesprächs bestimmen.	μ	μ	μ	μ
• Ich hatte Einfluss auf den Gesprächsverlauf.	μ	μ	μ	μ
• Ich konnte meine Argumente darlegen.	μ	μ	μ	μ
• Mir wurde zugehört.	μ	μ	μ	μ
• Ich konnte alle Fragen beantworten.	μ	μ	μ	μ
• Ich konnte Fragen stellen.	μ	μ	μ	μ
• Meine Fragen wurden beantwortet.	μ	μ	μ	μ
• Die Redeanteile waren ausgeglichen.	μ	μ	μ	μ

13.8 Wie haben Sie sich **nach** dem Gespräch gefühlt?
Bitte bewerten Sie jede der unten genannten Möglichkeiten.

	gar nicht	eher weniger	eher mehr	voll und ganz
• Enttäuscht	μ	μ	μ	μ
• Beunruhigt	μ	μ	μ	μ
• Bestätigt	μ	μ	μ	μ
• Überrascht	μ	μ	μ	μ
• als Sieger	μ	μ	μ	μ
• missverstanden	μ	μ	μ	μ

Wenn "gefragt - NEIN":

13.9 Warum nicht?
(Mehrfachnennungen möglich)
- Ich befürchte negative Konsequenzen.
- Die Situation im Betrieb/Unternehmen ist derzeit nicht günstig.
- Unternehmensinterne Kriterien schließen dies aus.
- Die Inhalte meiner Tätigkeit haben sich nicht verändert.
- Meine persönliche Leistung hat sich nicht gesteigert.
- sonstiges   *[FILTER, Frage 13.9.1]*

Wenn "nicht gefragt/Gründe - sonstiges = JA":

13.9.1 Bitte erläutern Sie uns kurz Ihre persönlichen Gründe:

_____
_____
_____

Überzeugungsfragen

14. Zum Abschluss möchten wir noch wissen, wie Sie ganz generell zu Verhandlungen stehen.
Bitte kreuzen Sie an, ob Sie den unten genannten Aussagen zustimmen.
Bitte bewerten Sie jede der unten genannten Möglichkeiten.

	stimme nicht zu	stimme eher nicht zu	neutral	stimme eher zu	stimme voll zu
Ich verhandle gerne.	μ	μ	μ	μ	μ
Ich verhandle gerne im eigenen Interesse.	μ	μ	μ	μ	μ
Es reizt mich, Gehalts- und Aufstiegsverhandlungen zu führen.	μ	μ	μ	μ	μ
Ablehnung oder Misserfolg fordert mich heraus.	μ	μ	μ	μ	μ
Ich gehe nur in Verhandlungen mit guten Erfolgschancen.	μ	μ	μ	μ	μ
Ich gehe in Verhandlungen mit der Überzeugung, dass ich erfolgreich sein werde.	μ	μ	μ	μ	μ
Es ist mir wichtig, meine Ziele in volle Umfang durchzusetzen.	μ	μ	μ	μ	μ
Ich habe immer einen "Plan B" in der Tasche.	μ	μ	μ	μ	μ
Ich nehme Verhandlungsverluste persönlich.	μ	μ	μ	μ	μ
Ich verhandle gerne im Interesse anderer.	μ	μ	μ	μ	μ
Ich bin ein/e harte/r Verhandlungspartner/in.	μ	μ	μ	μ	μ
Ich strebe immer eine win-win-Situation an.	μ	μ	μ	μ	μ

Abschluss

Wir bedanken uns sehr herzlich für Ihre Mitarbeit!

Die Ergebnisse werden wir über die Verbände Business and Professional Women - Germany und ULA - Deutscher Führungskräfteverband veröffentlichen.

Sie können aber auch direkten Kontakt zu uns aufnehmen:

Prof. Dr. Andrea Ruppert (ruppert@fb3.fh-frankfurt.de)

Prof. Dr. Martina Voigt (sokosch@fb3.fh-frankfurt.de)

Falls Sie zu unserem Fragebogen noch Kommentare und Anregungen haben, würden wir uns freuen.

_____

_____

Das von Ihnen verwendete Kennwort ist jetzt gesperrt.

2. Abbildungsverzeichnis

Abb. 1: Befragte nach Unternehmensgröße
Abb. 2: Leitungsspanne der Personalverantwortlichen
Abb. 3: Befragte nach Alter
Abb. 4: Befragte nach Hochschulabschluss
Abb. 5: Anzahl der Gehaltsverbesserungen in den letzten 5 Jahren
Abb. 6: Anzahl der Beförderungen in den letzten 5 Jahren
Abb. 7: Nach Gehalt und Aufstieg gefragt
Abb. 8: Anlässe für Gehalts- und Aufstiegsverhandlungen
Abb. 9: Ergebnis der zuletzt geführten Verhandlung
Abb. 10: Ergebnis der zuletzt geführten Verhandlung (in %)
Abb. 11: Ich verhandle gern
Abb. 12: Ich verhandle gern im eigenen Interesse
Abb. 13: Ich verhandle gern im Interesse anderer
Abb. 14: Es reizt mich, Gehalts- /Aufstiegsverhandlungen zu führen
Abb. 15: Ich nehme Verhandlungsverluste persönlich
Abb. 16: Genutzte Elemente der Verhandlungsvorbereitung (Personalverantwortliche)
Abb. 17: Genutzte Elemente der Verhandlungsvorbereitung (männliche Personalverantwortliche)
Abb. 18: Genutzte Elemente der Verhandlungsvorbereitung (weibliche Personalverantwortliche)
Abb. 19: Vor der Verhandlung: Nervös
Abb. 20: Vor der Verhandlung: Unsicher
Abb. 21: Die Redeanteile waren ausgeglichen
Abb. 22: Ich konnte die Inhalte des Gesprächs bestimmen
Abb. 23: Ich hatte Einfluss auf den Gesprächsverlauf

Abb. 24: Meine Fragen wurden beantwortet
Abb. 25: Ich werde es noch einmal versuchen
Abb. 26: Ich bemühe mich um eine Stellung in einem anderen Unternehmen
Abb. 27: Verhandlungserfolg (mindestens 5 % Gehaltserhöhung)
Abb. 28: Einflussfaktoren auf den Verhandlungserfolg
Abb. 29: Subjektive Gründe für Verhandlungserfolg
Abb. 30: Verhandlungserfolg und Geschlecht des Gegenübers
Abb. 31: Unternehmensgröße und Verhandlungserfolg
Abb. 32: Unternehmensbranche und Verhandlungserfolg
Abb. 33: Strategie entwickelt
Abb. 34: Mentale Vorbereitung
Abb. 35: Vorbereitung auf den Gesprächspartner
Abb. 36: Zusätzliche Optionen festgelegt
Abb. 37: Alternativplan entwickelt
Abb. 38: Eigene Leistungen aufgelistet
Abb. 39: Extern den eigenen Marktwert ermittelt
Abb. 40: Schriftliche Vorbereitung
Abb. 41: Gespräch geübt
Abb. 42: Vor der Verhandlung: Erfolgsgewiss
Abb. 43: Vor der Verhandlung: Gut vorbereitet
Abb. 44: Vor der Verhandlung: Ruhig und gelassen
Abb. 45: Vor der Verhandlung: Nervös
Abb. 46: Vor der Verhandlung: Unsicher
Abb. 47: Meine Fragen wurden beantwortet
Abb. 48: Ich hatte Einfluss auf den Gesprächsverlauf
Abb. 49: Ich konnte die Inhalte des Gesprächs bestimmen
Abb. 50: Die Redeanteile waren ausgeglichen

Abb. 51: Mir wurde zugehört
Abb. 52: Erfolgsmodell: Gesamtgruppe
Abb. 53: Erfolgsmodell: Personalverantwortliche
Abb. 54: Das „männliche" Erfolgsmodell: Gesamtgruppe
Abb. 55: Das „männliche" Erfolgsmodell: Personalverantwortliche
Abb. 56: Das „weibliche" Erfolgsmodell: Gesamtgruppe
Abb. 57: Das „weibliche" Erfolgsmodell: Personalverantwortliche

3. Tabellenverzeichnis

Tab. 1: Befragte nach Unternehmensbranche
Tab. 2: Verhandlungsvorbereitung männlicher und weiblicher Personalverantwortlicher im Vergleich
Tab. 3: Verhandlungserfolg und Geschlecht des Gegenübers
Tab. 4: Unternehmensgröße und Verhandlungserfolg
Tab. 5: Unternehmensbranche und Verhandlungserfolg
Tab. 6: Vollzeit/Teilzeit und Verhandlungserfolg
Tab. 7: Führungsspanne und Verhandlungserfolg

4. Literaturverzeichnis

Babcock, L. /S. Laschever (2007): Women don' ask. The High Cost of Avoiding Negotiation - and Positive Strategies for Change, New York u.a.

Barron, L. A. (2003): Ask und you shall receive. Gender differences in negotiators' beliefs about requests for a higher salary, in: Human Relations, 6/56, S. 635 - 661.

Bierach, B. (2004): Das dämliche Geschlecht, München.

Bischoff, S. (2005): Wer führt in (die) Zukunft?: Männer und Frauen in Führungspositionen der Wirtschaft in Deutschland, Bielefeld.

Bosetzky, H. (1995): Mikropolitik und Führung, in: Kieser A. / Reber, G / Wunderer, R. (Hrsg.): Handwörterbuch der Führung, 2. Auflage, Stuttgart, Sp. 1517-1526.

Bosetzky, H. (1991): Managementrolle: Mikropolitiker, in: Staehle, W. H. (Hrsg.): Handbuch Management, Wiesbaden, S. 285 – 300.

Bowles, H. R. / L. Babcock / L. Lai (2004): Backlash: Social Incentives for Gender Differences in Negotiating Behavior, Working Paper 6/17/04, Harvard University.

Brinktrine, R. / H. Schneider (2008): Juristische Schlüsselqualifikationen, Heidelberg.

Calhoun, P. S. / W. P. Smith, (1999): Integrative Bargaining: Does Gender Make a Difference? in: Ely, R. J./ E. G. Foldy / M. A. Scully (Eds.) (2003): Reader in Gender, Work, and Organization, Malden u. a., S. 108 - 117.

Crosby, F. (1982): Relative Deprivation and Working Women, New York.

Cross, S. E. / Madson, L. (1997): Models of the Self: Self Construals and Gender, in: Psychological Bulletin, 1/122, S. 5 - 37.

Dreher, G. F. / T. W. Dougherty / W. Whitely (1989): Influence Tactics and Salary Attainment: A Gender Specific Analysis, in: Sex Roles, 20, S. 535 - 550.

Fisher, R. / D. Shapiro (2005): Erfolgreich Verhandeln mit Gefühl und Verstand, Frankfurt am Main.

Fisher, R. / W. Ury / B. Patton (2002): Das Harvard - Konzept. Sachgerecht verhandeln - erfolgreich verhandeln, 21. Auflage, Frankfurt am Main.

Fishman, P. (1977): Interactional shit work, in: Heresis 1, S. 99 - 101.

Fishman, P. (1978), Interaction, the work women do, in: Social Problems 25/1978, S. 397 - 406.

Friedel-Howe, H. (1999): Frauen und Führung: Mythen und Fakten, in: von Rosenstiel, L./E. Regnet/M.E. Domsch (Hrsg.) Führung von Mitarbeitern. Handbuch für erfolgreiches Personalmanagement, 4. Auflage, Stuttgart.

Friedel-Howe, H. (1993), Arbeitszeitflexibilisierung bei Führungstätigkeiten, in: Marr, R. (Hrsg.): Arbeitszeitmanagement, 2. Auflage, Wiesbaden, S. 413 - 424.

Gabler: Wirtschaftslexikon (2004), Bd. E-J, 16. Auflage, Wiesbaden.

Gerhart, B. / S. Rynes (1991): Determinants and consequences of salary negotiations by male and female MBA graduates, Journal of Applied Psychology, 76, S. 256 - 262.

Gneezy, U. / M. Niederle / A. Rustichini (2003): Performance in competitive environments: Gender differences, in: Quarterly Journal of Economics, 118, S. 1049 - 1074.

Gräßel, U. (2004): Weibliche Kommunikationsfähigkeit - Chance oder Risiko für Frauen an der Spitze?, in: Duden (Hrsg.): Thema Deutsch, Band 5, Beiträge zur Geschlechterforschung - Adam, Eva und die Sprache, S. 59 – 68.

Hahn, D./ Hungenberg, H. (2001), PuK Planung und Kontrolle Planungs- und Kontrollsysteme, Planungs- und Kontrollrechnung Wertorientierte Controllingkonzepte, 6. Auflage, Wiesbaden.

Herzberg, H. - J. (2000): Erfolgreich verhandeln und argumentieren, Berlin.

Kleinert, C. / S. Kohaut / D. Brader / J. Lewerenz (2007), Frauen an der Spitze, Frankfurt am Main.

Kolb, D. M. (2003): Negotiation: Overview, in: Ely, R. J./ Foldy, E. G. / Scully, M. A. (Eds.): Reader in Gender, Work, and Organization, Malden u. a., S. 101 - 107.

Kolb, D. M. / G. G. Coolidge (1991): Her Place at the Table: A Consideration of Gender Issues in Negotiation, in: Breslin, J. W. / J. Z. Rubin (Eds.): Negotiation Theory and Practice, Cambridge: MA: Program on Negotiation Books, Harvard Law School, S. 261 - 277.

Kray, L. J. / A. Galinsky / L. Thompson / (2002): Reversing the Gender Gap in Negotiations: An Exploration of Stereotype Regeneration, in Organizational Behavior and Human Decision Processes, 2/87, S. 386 - 409.

Lewicki, R. J. / D. M. Saunders / B. Barry (2006): Negotiation, 5. Auflage, Boston u.a.

Molm, L. D. (1986): Gender, Power, and Legitimation: A Test of Three Theories, in: American Journal of Sociology, 6/91, S. 1356 - 1386.

Nadler, M. / L. Nadler (1987): The Influence of Gender on Negotiation Success in Asymmetric Power Situations, in Nadler, L. B. / M. K. Nadler / W. R. Todd-Mancillas (Hrsg.): Advances in Gender and Communication Research, S. 189 - 218.

Nagel, K. (1969): Die innerbetriebliche Ausbildung von Führungskräften in Großunternehmungen, Berlin.

Neuberger, O. (2006): Mikropolitik und Moral in Organisationen, 2. Auflage, Stuttgart.

Neuberger, O. (1994): Mikropolitik, Stuttgart.

Niederle, M. / L. Vesterlund (2007): Do women shy away from competition? Do men compete too much?, in: Quarterly Journal of Economics 3/122, S. 1067 - 1101.

Örs, E. / F. Palomino / E. Peyrache (2008), Performance Gender-Gap: Does Competition Matter? Discussion Paper No. 6891, Centre for Economic Policy Research, London (www.cepr.org/pubs/dps/DP 6891.asp).

Piechotta, Mariola (2001): Verbales und nonverbales Sprachverhalten in gemischtgeschlechtlicher Konversation, Stuttgart.

Pruitt, D. G. / J. Z. Rubin (1986): Social Conflict: Escalation, Stalemate, and Settlement, New York.

Rastetter, D. (2008): Zum Lächeln verpflichtet, Frankfurt/M., New York.

Rastetter, D. (2007): Mikropolitisches Handeln von Frauen, in Haubl R. / B. Daser (Hrsg.) Macht und Psyche in Organisationen, Göttingen, S. 76 - 99.

Ruppert, A. / M. Voigt (2008): Gendersensible Vermittlung von Verhandlungskompetenz - Ein Modellmodul und seine Evaluation aus vier Perspektiven, in: Das Hochschulwesen 4/2008, S. 126 - 128.

Ruppert, A. / M. Voigt (2007a): Wie lassen sich Genderaspekte in die Lehre integrieren? Ein Modell-Modul zur Vermittlung von Verhandlungskompetenz, in: Internationalisierung, Vielfalt und Inklusion in Hochschulen 3/2007, S. 79 - 83.

Ruppert, A. / M. Voigt (2007b): Evaluation aus vier Perspektiven - Die Lehrveranstaltungseinheit "Genderaspekte bei Vertragsverhandlungen" auf dem Prüfstand, in: Internationalisierung, Vielfalt und Inklusion an Hochschulen 4/2007, S. 103 - 108.

Ruppert, Andrea/Martina Voigt (2007c): "Gender-Aspekte bei Vertragsverhandlungen" - Konzeption einer Lehrveranstaltungseinheit für wirtschaftsrechtliche Studiengänge", in: gFFZ (Hrsg.): Förderung von Genderkompetenz in der Lehre, Frankfurt am Main, S. 7 - 22.

Schnell, R./ P.B. Hill / E. Esser (2008): Methoden der empirischen Sozialforschung, München, 8. Auflage, Wien.

Small, D. A. / M. Gelfand / L. Babcock / H. Gettman (2004): Who gets to the bargaining table? Understanding gender variation in the initiation of negotiations (*www.med.upenn.edu/ldichi/docs/dsmall_cv.pdf*)

Statistisches Bundesamt (2005), Mikrozensus 2004, Wiesbaden.

Stuhlmacher A. F./A. E. Walters (1999): Gender differences in negotiation outcomes: A meta-analysis, in: Personell Psychology, 3/52, S. 653 - 677.

Tannen, D. (1997): Job Talk. Wie Frauen und Männer am Arbeitsplatz miteinander reden, München.

Topf, C. (2005): Gehaltsverhandlungen für freche Frauen, Heidelberg.

ULA Deutscher Führungskräfteverband (2007), Führungskräftestudie 2007, Berlin.

Wade, M. (2001): Women and Salary Negotiation: The Costs of Self-Advocacy, in: Psychology of Women Quarterly, 25, S. 65 - 76.

Walters, A. E. / A. F. Stuhlmacher / L.L. Meyer (1998): Gender and Negotiator Competitiveness: A Meta-analysis, in: Organizational Behavior und Human Decision Processes, 1/76, S. 1 - 29.

Watson, C. (1994): Gender versus Power as a Predictor of Negotiation Behavior and Outcomes, in: Ely, R. J. / E. G. Foldy, / M. A. Scully, (Eds.) (2003): Reader in Gender, Work, and Organization, Malden u. a., S. 118 - 128.

Watson, C. / L. A. Hoffman (1992). An examination of the impact of gender and power on manager's negotiation behavior and outcomes. Paper presented at the Annual Meeting of Academy of Management, Las Vegas, Nev.

Woll, A. (2008), Wirtschaftslexikon, 10. Auflage, München.